AF561781

Johannes Roth

Gartenlust im Sommer

Mit farbigen Fotografien
von Marion Nickig

Insel Verlag

Insel-Bücherei Nr. 1376

Gartenlust im Sommer

Gefräßig ist das Löwenmaul

Wann ist Sommer? Wenn die Eisheiligen gegangen sind und die Eismaschine am Samstag und Sonntag arbeitet, weil der Gärtner am Abend nach Kräftigung verlangt und nach einer kräftigen Abkühlung. Der Sommer ist da, wenn das allerletzte Rhabarber-Eis gegessen ist, wenn die Sorbets plötzlich die Oberhand gewinnen. Und, wenn das erste Löwenmaul blüht. Es ist freilich keines von den im Februar selbst gesäten und im April ins Freie gesetzten Pflänzchen, sondern eine von den schon kraftvollen Stauden, die über den Herbst und Winter im Gewächshaus der Gärtnerei für den Verkauf im Frühjahr gezogen wurden und nun im Mai die Hummeln ärgern, denen sie verschlossen bleiben.

Das starke Löwenmaul und ein wuchtiger Gewürztraminer von Madame Faller aus Kaysersberg liegen auf einer Linie: sie betäuben und erwecken. Für das Sorbet vom Gewürztraminer bringen wir einen Zehntelliter Wasser mit sechzig Gramm Zucker zum Kochen, kühlen ab, geben den Saft einer reifen Zitrone dazu und fast eine ganze Flasche von der Cuvée Cathérine. Nach einer halben Stunde in der Sorbetiére werden je zwei Kugeln vom noch geschmeidigen, löffelfesten, aber keinesfalls bröselig Gefrorenen mit einem Spritzer Marc de Champagne übergossen. Das ist das Dessert für den Abend auf der Terrasse. Das ist Sommer.

Bevor eine dritte Kugel nachgelegt wird, muß der Gast im letzten Abendlicht den Garten durchwandern, das Löwenmaul besehen. Das Kind im Manne darf es anfassen. Löwenmäuler wollen geöffnet sein. Nur die Bienen, schreibt Fritz Encke in seinem Löwenmaulkapitelchen im großen Blumenlexikon »Die Freiland-Schmuckstauden« (Ulmer-Verlag), nur die Bienen seien stark genug, den fest verschlossenen Blütenmund aufzustemmen. Und Kinderhände, natürlich. Daumen und

Zeigefinger umfassen die Blüte von hinten und drücken vorsichtig von der Seite: Das Maul klappt auf, klappt zu, klappt wieder lautlos auf. Wer hat Angst vorm Löwenmaul?

Das Löwenmaul sieht wirklich so aus. Aber wie kommt der Löwenzahn zu seinem Namen? Solche Kinderfragen lassen sich selten auf Anhieb beantworten. Es könnten die scharf gezähnten Blätter sein, die den grünen Salat bissiger machen. So ließe sich vermuten. Hingegen wissen wir, glauben zu wissen, warum das Löwenmaul gekauft wird, als Pflanze oder im Samentütchen, und trotzdem selten einen festen Platz in den Gärten besetzt hält. Es liegt nicht nur daran, daß das üppige englische Staudenbeet, die bunte Rabatte, in der das Löwenmaul ganz unentbehrlich ist, sich selten an der Rasenkante entlang durch deutsche Gärten schlängelt. Der Grund liegt tiefer. So deutlich wie kein Fachmann hat es vor Jahren Rudolf Borchardt im »Leidenschaftlichen Gärtner« formuliert: »Es muß, wo Löwenmäuler nicht bald verschwinden sollen, Sand und Kalk in tieferen Bodenlagen so weit vorhanden sein, daß die Nässe durch sie hindurch filtriert wird.« Und, im selben Buch, an anderer Stelle: »Das Löwenmaul ist Schutt- und Steinritzenflora der Mittelmeerländer, lebt wild im ganz Trockenen, durch das sich seine vielkräuseligen, fleischigen Wurzeln bis in unerratbare Tiefen zerkriechen, und hält dann starke Fröste unberührt aus. Im Norden stirbt es an nassen, nicht an kalten Böden – leider, denn alte verholzte Büsche sind Schaustücke. Weiße Arten sind Zärtlinge«, fügt er hinzu. Was wieder bedauerlich ist, denn die Weißen sind schön für Gärten, die nicht so bunt sein wollen. Daß das Löwenmaul auch nördlich der Alpen wild und unkrautartig den Gesteinsschutt besiedelt, zeigen Verse von Freiligrath: »Wälle, zermorscht und faul, / purpurn von Löwenmaul.«

Die botanische Wissenschaft unterscheidet zweiundvierzig Arten von einjährigen oder ausdauernden Kräutern oder Halbsträuchern der Gattung Antirrhinum am westlichen Mittelmeer und im pazifi-

schen Nordamerika. Antirrhinum hispanicum und Antirrhinum sempervirens werden gelegentlich von Staudenspezialisten angeboten; es sind zwergige Löwenmäuler, keine zwanzig Zentimeter hoch, in den Pyrenäen zu Hause. Steingartengewächse. Die Gärtnereien kennen meist nur das Gartenlöwenmaul, Antirrhinum majus, aber davon mindestens dreißig Sorten. Man kann fragen, Kataloge wälzen lassen, bestellen. Die Samentütchen enthalten in der Regel nur eine sogenannte Prachtmischung. Erst die englischen Gartenbroschüren machen dem Liebhaber die Wahl wirklich schwer. Er muß nicht nur auf Farben sehen, auch auf die Blütenformen, die sich manchmal vom zweilippigen Maul zum offenen oder gefüllten Trichter hin entfernen. Das sind die Pestamon-Hybriden, vorneweg »Madam Butterfly«.

Halten wir uns an das richtige Löwenmaul, so haben wir es immer noch mit drei Hauptsorten zu tun: den Zwergen für den Beetrand, den halbhohen und den meterhohen Blütensäulen, die aber leicht vom Wind umgeblasen werden. Also bleiben wir bei den halbhohen. Deren Haupttrieb wird beizeiten für die Vase geschnitten, damit sich die Seitentriebe entwickeln. Entspitzen nennt der Gärtner diesen Trick, der die remontierende Pflanze dazu bringt, in die Breite zu gehen, buschig zu werden und immer noch mehr Blüten anzusetzen, bis in den Spätsommer hinein.

Nun darf man allerdings das Gartenlöwenmaul nicht etwa deshalb auf dem Trocknen sitzen lassen, weil seine wilden Verwandten in den Gebirgen Spaniens oder auf den morschen Mauern Freiligraths so staunenswerte Überlebenskünstler sind. In der Sonne will es stehen, aber der Boden muß durchaus nahrhaft, luftig und feucht sein. Sonst gibt es keinen Gartenrundgang und keinen Nachschlag beim Sorbet. Das läßt sich übrigens auch mit einem starken Muscat herstellen oder einem Süßwein aus dem französischen Südwesten. Dem Gärtner wie dem Patissier steht mancherlei zur Verfügung. Nur Lust zum Experiment müssen sie beide haben und ein Gefühl für das, was harmoniert. Kompositeure sind sie, Komponisten und Orgelspieler, die dieses und jenes Farb- und Aromaregister ziehen. Der Gärtner wirft schließlich noch einige Schaufeln Kompost ins Beet. Denn das Löwenmaul, wen wollte es wundern, ist gefräßig.

Lavendel scheut das Wasser nicht

Es gibt Rummelplätze, die besucht sein wollen. Die provenzalische Ruine Les Baux gehört zu den unumgänglichen Wallfahrtsorten. Der gesunde Tourist läßt sich im August durch die schmalen Gassen des Bergdorfs auf das Felsplateau hinaufschieben. Der gegen den Tourismus allergische Tourist steht an Weihnachten allein auf der Zinne, fast allein, und stemmt sich gegen die Gewalt des Mistrals. Und meint im brausenden Wind ein fernes Echo der Troubadoure zu hören, die einst im Schutz dieser Mauern vor einem Tribunal edler Damen ihre Lieder sangen, einen Kuß empfingen und vielleicht auch den Kranz aus Pfauenfedern. Auf dem Rückweg wird er in der romanischen Kirche Zeuge eines Krippenspiels, das die Einheimischen für sich selber aufführen. Das Blitzlichtgewitter wird von den Vätern der beteiligten Hirten und himmlischen Heerscharen veranstaltet. Maria und Josef sind mit dem gebotenen Ernst bei der Sache, auch das Schaf, das ein zweirädriges Wägelchen zieht, geschmückt mit goldenen und blauen Ähren. Der Pfarrer sitzt steinernen Blicks dabei, so bleich und abwesend, als habe er die Austern und den Champagner in der Christnacht nicht vertragen.

Wenn der Tourist zum Parkplatz am Ortseingang zurückstrebt, darf er nicht an allen Souvenirläden vorübergehen. Er muß die Postkarten kaufen mit den dunkelblauen Walzen der sommerlichen Lavendelfelder, und er sollte einige der bunten Leinensäckchen mitnehmen, Lavendelduft für den Wäscheschrank, vielleicht werden tatsächlich Motten ferngehalten. Ein Fläschchen Lavendelessenz muß auch erworben werden. Zwei Tropfen an der Schläfe beruhigen den Migränesüchtigen, die Essenz heilt auch Mückenstiche und kleine Verletzungen, sogar dann, wenn man nicht daran glaubt; drei Tropfen neben dem Kopfkissen bringen den Schlaf. Und Lavendelseife ist die Seife schlechthin. Lavendula, der botanische Name, ist abgeleitet vom lateinischen lavare, waschen; ein römisches Bad war ohne Lavendel wohl nicht vorstellbar. – Der den Tourismus genießende Tourist ist Ende Juli in die Provence gefahren, weil er die Lavendelfelder selber fotografieren muß. Es ist aber nicht der Echte Lavendel, Lavendula angustifolia, den er auf den Ebenen bei Valensole und Moustiers-St. Marie besonders üppig im Auge der Kamera hat, sondern ein Bastard, eine Kreuzung mit dem Großen Speik: Lavendula latifolia. Der Echte Lavendel in den Bergen der Hochprovence hat ein feineres Aroma, gibt aber sehr viel weniger Öl und läßt sich nicht mit Maschinen ernten. So erklärt sich der Preisunterschied zwischen dem Lavendin-Öl und dem Lavende fin.

Der Lavendel ist eine Pflanze der südeuropäischen Mittelmeerländer. Wir können ihn jedoch getrost in den Garten setzen, in die Sonne natürlich, vor die Terrasse, wegen des Duftes, und zu den Rosen, wegen der Farbe. Der ausdauernde Lavendel mit dem immergrünen oder eher immergrauen nadelartigen Laub ist der rechte Rosenkavalier, der Begleiter und Beschützer, der das Unkraut verdrängt und die nackten Füße deckt. Der mediterrane Lavendel, der sonnenhungrige, hitzefrohe, ist auch bei uns ausreichend winterfest, freilich nicht in allen seinen Arten; beim Zahnlavendel oder beim Schopflavendel darf man Bedenken haben. Doch Angustifolia und Latifolia, vor allem die beiden erprobten Sorten Munstead und Hidcote Blue, wollen allenfalls im ersten Jahr etwas geschützt sein. Frostempfindlich werden diese Sträucher erst, wenn zuviel gedüngt wurde. Lavendel braucht

gar keinen Dünger. Der Boden muß nur genügend Kalk enthalten, und er muß durchlässig sein oder vor dem Pflanzen mit Sand und Kies unterfüttert werden. Stauende Nässe im Winter kann tödlich sein. Ganz so trocken, wie man meinen könnte, wenn man die Lavendelfelder in der südfranzösischen Hitze hat flimmern sehen, sollen jedoch zumindest die jungen Pflanzen nicht gehalten werden, deren Wurzeln erst in die Tiefe dringen müssen. Wäre der Lavendel wasserscheu, könnte er englische Gärten nicht seit Jahrhunderten so dekorativ beleben.

Den Engländern und den leidenschaftlichen deutschen Lavendelgärtnern stehen einige Dutzend Arten und Sorten zur Verfügung, weißblühende, rosarote, blaue und violette. Unsereins ist mit den beiden Hauptsorten zufrieden, Munstead und Hidcote Blue. Munstead blüht etwas früher im Juli mit himmelblauen Ähren, Hidcote leuchtet tief dunkelviolett. Beide haben einen silbrigen Schimmer auf den Triebspitzen des graugrünen Laubs, beide bilden allmählich breite Kissen, kaum höher als dreißig Zentimeter. Nach der Blüte werden die Ähren abgeschnitten, im zeitigen Frühjahr darf man die Schere kräftig ansetzen, damit die Kissen nicht struppig auswachsen, sondern dicht und buschig bleiben. Aber nicht bis ins verholzende Herz hinunterschneiden! Das würde auch den Igel ärgern, der sich gern im Lavendel wälzt.

Es soll leicht sein, Lavendel aus Stecklingen zu vermehren, sagen die Bücher. Die bewurzelten Stecklinge zu verkaufen, scheint jedoch ein undankbares Geschäft zu sein. Auch große, renommierte Gärtnereien bieten nur während der Pflanzzeit wenige Winzlinge an, meist noch ohne Sortenschild. Eine der rühmenswerten Ausnahmen: die Staudengärtnerei der Gräfin Zeppelin im badischen Sulzburg-Laufen. Wem der Weg zu weit ist, kann schicken lassen, sieben Sorten stehen zur Wahl. Aber was haben wir im Gartencenter bei Avignon für prächtige Lavendelsträucher in großen Töpfen gesehen!

In der Küche läßt sich der Lavendel nicht nur zum Beruhigungstee aufbrühen. Frische Triebspitzen würzen den Fisch, das Geflügel, Lamm und Eintöpfe – ähnlich wie Rosmarin, aber doch anders, mild und herb zugleich. Schon deshalb müssen wir den Duftstrauch im Garten haben. In Liebesdingen ist der Lavendel so vielsagend wie wahr. Seine Botschaft lautet: Du sprichst in Rätseln. Wer die Rätsel zu Hause nicht lösen kann, soll den Lavendel in der Provence besuchen. Nicht im Dezember, sondern im August. Und nicht allein.

Vergißmeinnicht

Ein Liebespaar ging am Fluß spazieren. Es war ein schöner Tag im Mai. Das Mädchen entzückte sich über himmelblaue Blüten, die am Fuß der Böschung leuchteten. Als der Liebhaber die blaue Blume pflücken wollte, stürzte er ins Wasser. Bevor er den Augen der Geliebten für immer entschwand, rief er noch: »Vergißmeinnicht!« Es muß wohl Myosotis palustris gewesen sein, das Sumpfvergißmeinnicht. Es wächst an feuchten Stellen und fast noch im Wasser. Am Gartenteich darf der Vergißmeinnichtplatz sogar leicht überflutet sein.

Wenn das »Vergiß mein nicht!« eine Bitte war, standen die Chancen nicht gut für den letzten Wunsch des Unglücklichen. Nach allen Überlieferungen wirft das Zauberkraut Vergißmeinnicht nur dann die unsichtbaren Ketten der Treue über den geliebten Menschen, wenn ihm die Wurzel oder ein Blütenkranz um den Hals gebunden oder, besser noch, ans Herz gelegt worden war. Auch das Volkslied rät: ans Herz! »Blau blüht ein Blümelein, / das heißt Vergißnichtmein. / Das Blümlein leg ans Herz / und denke mein.«

Der Unfall am Wasser ist mehrfach verbürgt. Er hat sich im vergangenen Jahrhundert an verschiedenen Orten zugetragen, auch an der

Seine und an der Themse. Der Franzose konnte schwimmen. Der Engländer gurgelte: »Forget me not!« Auf den Britischen Inseln heißt die wassersüchtige Blume mit den kantigen Stengeln »water forget-me-not«. Sie steht auf haarlos glatten Beinen, wenn man der Blumenschriftstellerin Alice Coats glauben will: »The water forget-me-not differs from all the land species in having smooth, not hairy, stalks.« Auf dem Kontinent haben alle Vergißmeinnichtarten, auch das Sumpfvergißmeinnicht, mehr oder minder haarige Stengel, nicht nur behaarte Blätter, die ihnen den Beinamen Mausohr eintrugen.

Das kleine Ackervergißmeinnicht, Myosotis arvensis, spielt im Garten keine Rolle; aber vielleicht steht es unvermutet als Gast am Zaun oder in der Baumscheibe unter der Sauerkirsche. Eher sucht der Blumensammler das buschige Alpenvergißmeinnicht, Myosotis alpestris, das auf den Almwiesen der Hochgebirge Europas, Asiens und Nordamerikas im Frühsommer blüht oder auch erst im August, falls es in Gletscherregionen über dreitausend Meter hinaufgewandert ist. Im Steingarten des Flachlandgärtners öffnet es den hellblauen Blütenstern mit dem gelben Auge schon im Mai. Vom Waldvergißmeinnicht, Myosotis sylvatica, das auch Gartenvergißmeinnicht genannt wird, gibt es nur zweijährige Sorten, »Indigo« zum Beispiel, »Amethyst«, »Blaue Kugel«, aber auch rosarote und weiße. Karl Foerster schwärmte vom Riesenvergißmeinnicht »Blaues Wunder«, das zentimeterbreite Blüten auf fast halbmeterhohen Büschen trägt. Auf der Frankfurter Bundesgartenschau gewann »Wagners Perfecta« die Schönheitskonkurrenz. Die Sylvatica-Abkömmlinge stehen gern im Halbschatten; in manchen Gegenden ist dieses Vergißmeinnicht deshalb zur Friedhofsblume degradiert. Volle Sonne und wieder viel Feuchtigkeit verlangt der Winzling Myosotis rehsteineri, der keinen deutschen Namen hat. Seine zierlichen Blüten kommen schon im April. Die ausdauernde Zwergstaude wird drei bis fünf Zentimeter hoch: ein blausamtener Saum für den Geröllbach im Alpinum, aber nicht leicht über den

Winter zu bringen. Die Wissenschaft kennt nicht weniger als fünfzig Arten, auch südafrikanische, australische.

Doch das Vergißmeinnicht schlechthin bleibt das zaubrische Myosotis palustris, das einst die flüchtige Liebe haltbar machen sollte. Der französische Karikaturist Grandville hinterließ unter seinen Blumenbildern, den »Fleurs animées«, die anrührende Szene, wo ein Vergißmeinnicht-Fräulein mit dem blauen Sträußchen in der Hand dem Auswandererschiff verzweifelt hoffnungsvoll nachwinkt. Während manche Arten, vor allem die wilden, etwas blaß sind oder im Aufblühen rosa überhaucht (»In ihrem Blau schlummert ein vergessenes Weiß, ein ersticktes Rot«, bemerkte Rudolf Borchardt), wurden die Züchtungen auf reine Farben ausgelesen. Myosotis palustris »Alba« blüht in unschuldigem Weiß. Doch die Farbe der Treue ist Blau. Tiefblau wie »Graf Waldersee«, die »Perle von Ronneburg« oder das »Nixenauge«, leuchtend blau wie die »Meernixe«. Die großäugige »Thüringen« wurde schon vor Jahrzehnten als ausdauernde Sorte für Sträuße gerühmt. »Leider gibt es diese Sorten kaum noch im Handel«, klagt das Lexikon der »Freiland-Schmuckstauden« aus dem Ulmer-Verlag, »da die Staudengärtnereien aus Rationalisierungsgründen nicht mehr in der Lage sind, die Sorten vegetativ zu vermehren und vor Verfälschung durch Selbstaussaat zu schützen.« So geht nun wieder verloren, was mit Glück gefunden wurde; wie die Liebe, die unwiederbringliche.

Das Vergißmeinnicht sei auf Nahwirkung angelegt, zum genauen Hinsehen, schieb Rudolf Borchardt im Buch vom leidenschaftlichen Gärtner. Es habe eine geheime Anmut, aber kein Relief. Er notierte das wahrscheinlich aus der Erinnerung im toskanischen Exil, wo es keine Obstgärten mit Vergißmeinnichtwiesen gibt, keine Tulpenbeete und Rosenrabatten mit blauem Unterfutter. Freilich trifft Borchardts Charakterisierung das Wesen der Blume. Das Vergißmeinnicht gehört nicht zu den Prachtstauden, die sich als Einzelstücke gegen andere Schaupflanzen behaupten. Es ist ein Blümchen. Eine luftige Erscheinung, eine Spiegelung des Himmels. Es wird aber stark und gibt dem Garten Kontur, wenn es sich scharen darf, zur Fläche sich schließen: als Mörikes blaues Band oder als flirrend blauer See im grünen Gelände. Auch zum Strauß gebunden wirkt es zauberhaft und vielleicht doch zauberkräftig, wenn die Veilchenzeit vorbei ist und die ersten Rosen auf sich warten lassen. Das Vergißmeinnicht gleicht dem geliebten Mädchen: Anderen fällt es nicht auf, der Verliebte kann sich gar nicht satt sehen. In einer Variante des Volkslieds klingt das so: »Es wächst ein Kraut im Garten,/das heißt Vergißnichtmein./Dasselbe muß man warten/mit gutem Augenschein.«

Kränzt mir mein Haupt mit Rosmarin

Ich hab die Nacht geträumet/wohl einen schweren Traum,/es wuchs in meinem Garten/ein Rosmarienbaum.« So hebt ein Volkslied an, das auf die Nachricht vom Tod des Geliebten hinausläuft. Es ist noch nicht lang her, daß ein Leichenbegängnis ohne den Rosmarinzweig am Revers in manchen Landstrichen Süddeutschlands kaum vorstellbar war. Wenn jedoch Hölty sang: »Als ich im Garten träumte,/ins Haar den Rosmarin mir wand«, war es nicht Todessehnsucht, die den Dichter befiel; er suchte seinem Pegasus Nahrung zu geben. Denn der Duft und die Essenz des Rosmarins, das wußten die Römer und das behaupten ernsthafte Bücher noch heute, stärken das Selbstgefühl, den Kopf, und dort besonders das Gedächtnis. »Kränzt mir mein Haupt mit Rosmarin,/dieweil ich Braut und Jungfrau bin«, trällerten die Dienstmädchen, wenn sie die Wäsche plätteten: Rosmarin war auch bei Hochzeiten unentbehrlich, als Schmuck und Glaubensartikel. Er symbolisierte die Treue. Noch weniger konnten die Kräuterdoktoren auf ihn verzichten. Er vertrieb zwar nicht die Pest, aber fast jede Art von Schwachheit, nicht bloß die Gedächtnisschwäche, allerdings so schwungvoll, daß Schwangere und Epileptiker auf Rosmarintee und Rosmarinwein verzichten mußten. Ein Rosmarinbad, das ist nun eigene Erfahrung, macht so munter, daß es vor dem Schlafengehen nicht empfohlen werden kann.

Rosmarinus officinalis ist ein immergrüner Halbstrauch, fast zwei Meter hoch, der am Mittelmeer zu Hause ist. Benediktiner sollen ihn über die Alpen gebracht haben; falls er nicht schon mit den römischen Besatzungstruppen gekommen war. In alten und noch in den neuesten Büchern wird als deutsche Bezeichnung der Name Meertau angeboten, aus dem Lateinischen übersetzt, von ros (Tau) und mare (Meer). Eine Herleitung aus den griechischen Wortwurzeln rhops (Strauch) und myrinos (balsamisch) kommt dem Charakter der Pflanze näher. Die herb, aber sehr aromatisch duftenden Zweige des Balsamstrauchs schmückten und beweihräucherten an Feiertagen die Statuen der Götter.

Im Alltag ist der Rosmarin ein Küchenkraut. Ein bescheidenes Mitglied des Gewürzorchesters ist er freilich nicht. Im Bouquet garni würde er sofort versuchen, alle anderen Kräuter zu übertönen. Er ist ein Solist, gerade noch zum Duett tauglich, mit dem Thymian zum Beispiel oder mit dem Knoblauch. Er würzt Schweinerücken und Poularde, gebeizten und gegrillten Fisch, er schärft Tomatengerichte, muß in die Ratatouille, macht Bratkartoffeln unvergeßlich. Vor allem wird er für Wild und Lamm gebraucht. Wenn Elfie Casty ihre Lammkoteletts drei Minuten in Olivenöl gebraten hat und umgebettet und zugedeckt an der Herdseite weitergaren läßt, wischt sie das Öl aus der heißen Pfanne und gibt wenig Butter hinein, eine halbe Schalotte, feingehackt, eine halbe Knoblauchzehe, dazu einen Zweig Rosmarin, läßt alles goldgelb anziehen, fügt eine gewürfelte Tomate hinzu, löscht mit Noilly Prat, füllt mit zwei Eßlöffeln Doppelrahm auf, schmeckt mit Salz und Pfeffer ab, einer Messerspitze Senf und einem

Spritzer Zitronensaft. Bevor die Koteletts auf heißen Tellern mit der noch etwas eingedampften Sauce umgossen werden, nimmt sie den Rosmarinzweig heraus. Er hat genug Aroma abgegeben. Und man muß nicht auf den Nadeln kauen.

Es sind freilich keine Nadeln, sondern schmale, ledrige Blätter, oben glänzend dunkelgrün, unten weißfilzig behaart. Das Wichtigste sei, schreibt die schweizerische Köchin in ihrer Genußanleitung »Mit einer Prise Leidenschaft« (Heyne), daß der Zweig frisch ist: Nur dann entfalte sich die unvergleichliche Harmonie zwischen dem Lamm und dem Rosmarin. Wer je frische Triebspitzen unter der Nase hatte, wird nie wieder getrocknete Blätter verwenden mögen. Aber immer sparsam! Die Hälfte ist noch zu viel. Und nicht im Mörser zermalmem, sonst verfliegen die ätherischen Öle, bevor sie in den Topf gelangen. Eher sollte ein Zweig beim Grillen der Lammschulter durch den Rost auf die Glut fallen: Wie das duftet, wenn er verbrennt!

Rosmarin gleicht dem Lavendel. Auch er bildet einen holzigen Busch, auch er blüht blau, obwohl etwas blaß und schon im April. Leider ist er in Mitteleuropa strengen Wintern nicht gewachsen. Gar so frostempfindlich, wie die Bücher sagen, ist er gottlob nicht. Hätten denn die Altvorderen alle ihre Hochzeits- und Friedhofsrequisiten und das Apothekenmaterial nur aus Blumentöpfen gezogen? Als wir einen besonders stattlichen Rosmarin aus Avignon mitbrachten, erfror er im folgenden Winter. Minus zwanzig Grad über eine Woche hin hielt er nicht aus. Doch ein vor vier Jahren gepflanzter Strauch hat nun, ganz ungeschützt, drei Winter überstanden, die zwar ungewöhnlich mild waren, aber doch mit einigen strengen Frostnächten durchsetzt. In seinen »Nachrichten aus dem Garten« (Klett-Cotta) rät Jürgen Dahl: »Statt die kräftig werdenden Büsche im Herbst mühevoll auszugraben und ins Haus zu bringen, ist es viel besser, nur ein paar Jungpflanzen auf dem Fensterbrett überwintern zu lassen und die Mutterpflanze draußen zu lassen. Manchmal hält sie mehrere

Jahre aus, bevor sie der Erfrierungstod ereilt.« Wer einen guten Gemüsemarkt in der Nähe hat oder gar die Frankfurter Kleinmarkthalle, kann kräftige Büsche mitten im Winter kaufen. Diese Topfpflanzen sollen nicht zuviel gegossen werden, dürfen jedoch nie ganz austrocknen. Auch im Garten steht der Rosmarin nicht naß, doch feuchter als am Wildstandort. Der Boden kann mager sein, etwas organischer Dünger schadet nicht, Kalk ist nötig.

Klassische Rosmarinländer sind Italien, Südfrankreich, Spanien; aber auch England, wie Shakespeares Dramen verraten. Am Hof Heinrichs des Achten wurde eine Nachspeise favorisiert, Rosemary Snow, die aus Schlagrahm, Eischnee, Zucker und Rosmarin bestand. Aus dem heutigen England kennen wir ein Gebäck, übermittelt von Geraldene Holt in »Die schönsten Rezepte aus französischen Kräutergärten« (DuMont): Hundert Gramm Butter mit fünfzig Gramm Zucker schaumig rühren. Hundertfünfzig Gramm Mehl und einen gehäuften Eßlöffel gehackten Rosmarin zugeben. Den Teig nicht zu dünn ausrollen, ausstechen, die Plätzchen auf gefettetem Papier bei hundertsechzig Grad eine gute Viertelstunde backen, bis sie anfangen, braun zu werden. Auch das ist Futter für den Pegasus.

Mein roter Fingerhut blüht weiß

Als van Gogh im Juni 1890 den Doktor Gachet porträtierte, legte er ihm zwei Stengel des Fingerhuts, Digitalis purpurea, zur linken Hand. Er gab allerdings den Blütenglocken auf dem sehr roten Tischtuch keine Spur von Purpur, sondern ein verwaschenes Blau, so wasserhell wie die Augen des Mannes, von dem der Maler an den Bruder schrieb, er sei »mindestens so nervenkrank wie ich«. Das Attribut Digitalis galt wohl dem Arzt schlechthin. Dem Liebesschmerz, den Marguerite im Herzen van Goghs entzündet hatte, die einundzwanzigjährige Tochter Gachets, war mit dem Fingerhut nicht beizukommen. Wenige Wochen später beendete der Patient, den das Malen nicht mehr retten konnte, mit einem Pistolenschuß sein Leiden an der Welt.

Der Fingerhut für den Doktor war wohl aus dessen Garten genommen. Die Blässe der Blüten könnte als ein Hinweis darauf verstanden werden, daß Digitalis im Garten gegenüber dem Wildwuchs im Wald nur einen Bruchteil der so giftigen wie heilsamen Wirkstoffe enthält, die diese Pflanze in der Medizin bedeutend machten. Erstaunlicherweise erst in jüngerer Zeit, nicht schon im Altertum. Zwar nahmen die Kräuterdoktoren des sechzehnten Jahrhunderts vom Fingerhut Notiz, doch nur nebenher. So recht entdeckt hat ihn erst der englische Arzt William Withering, der 1775 auf das herzstärkende Wundermittel eines Kräuterweibleins aufmerksam gemacht worden war: »Diese Medizin war aus zwanzig oder mehr verschiedenen Kräutern zusammengesetzt, aber es war nicht schwierig zu erkennen, daß das wirksame Kraut nichts anderes als der Fingerhut sein konnte.« Zehn Jahre später veröffentlichte er das Ergebnis seiner Forschung und Praxis: »An Account of the Foxglove and Some of its Medical Uses.« Foxglove ist die englische Bezeichnung für den Fingerhut. Foxglove heißt aber nicht, wie das Wörterbuch nahelegt, Fuchshandschuh, sondern soll sich aus dem Altenglischen herleiten: Fuchsmusik. Musik für die nachts durch den Wald schnürenden Füchse, wenn Oberons Elfen im Mondlicht die Blütenglocken läuten.

Den Gärtner kümmern die Elfen und die den Herzschlag stärkenden Glykoside nicht, zumal sich Selbstmedikation verbietet. Heilkraft und Todesgefahr liegen nah beisammen. Der Gärtner schaut auf die optische Wirkung der kerzengeraden und manchmal mannshohen Rispen. Und die kann grandios sein, schon am Waldrand und auf Kahlschlägen, wo sich der Fingerhut ansiedelt, sobald er offenen Boden

findet, der nicht kalkig und nicht naß ist. Er sät sich über Jahre immer wieder selbst aus, bis ihm die anderen Kräuter, die Gehölze und der sich verfestigende Boden keine Chance mehr lassen. Im Garten ist es nicht anders: Kaum ist irgendwo gerodet worden, und sei es nur das Tomatenbeet, oder ein Hang neu angelegt, kaum liegt lockere Erde zutage, sitzen plötzlich flache Rosetten fleischiger Blätter zwischen dem Gesäten und Gepflanzten, aus denen sich im folgendem Jahr die Blütenähren erheben.

Der Fingerhut ist zweijährig. Im ersten Jahr bildet er die dicke Blattrosette. Im zweiten Jahr steigt er in die Höhe und blüht. Schneidet man die verblühte Rispe sofort ab, kann die Pflanze mehrere Jahre überleben. Fingerhüte, die am unrechten Ort aufgegangen sind, lassen sich leicht versetzen, da der büschelige Wurzelstock nicht gleich in die Tiefe geht. Bei uns blüht der Fingerhut, wo es ihm gefällt, sogar noch zwischen dem Schnittsalat, und wie es kommt: oft rosa bis violett, meistens weiß, weil die weißen immer geschont werden, wenn es ans Ausreißen überzähliger Pflanzen geht. Die weißen dürfen Samen schleudern. Weiße Glocken sind vor allem vor der dunklen Eibenhecke willkommen. Die Farbe läßt sich leider nicht erkennen, solang sich die erste, die unterste Blüte nicht zeigt. Darum soll der mit Bedacht seine Rabatten gestaltende Gärtner Samen kaufen, will er nicht auf den Zufall hoffen. Wird die Blüte noch im selben Jahr gebraucht, muß er junge Pflanzen in Töpfen aus der Staudengärtnerei holen: Digitalis pupurea »Alba«. Vita Sackville-West, die Herrin von Sissinghurst, schrieb einst ihren Lesern im Observer: »Ich finde, daß sich der reinweiße Fingerhut besonders gut macht, wenn er in Gruppen das Farbenspiel niedrigerer Blumen hoch überragt.« Oder wenn er, ohne jedes bunte Fußvolk, vor den grünen Wänden des berühmten Weißen Gartens steht.

Daß er dort noch immer leuchtet, Jahrzehnte nach dem Tod der großen Gärtnerin, bezeugt eines der Fotos in dem schönen Band

»Der architektonische Garten in England« (DVA, Stuttgart). Das Buch von Günter und Laila Mader zeigt sonst keinen einzigen Fingerhut mehr, ist aber ein Pflichtstück für unsereinen, der in seinen kleinen Verhältnissen nicht alles nachvollziehen kann, was die Gartenlust ausmacht, vor allem nicht das Großartige und Großzügige. Einige der dargestellten Gärten kennt der Betrachter schon recht gut, dennoch fällt er aus einem Staunen ins andere: So klar hat er sie noch nicht gesehen, die Gärten und die Regeln, auf denen sie gründen. Blätternd und lesend läßt er der Phantasie die Zügel schießen, der hinterm Haus enge Grenzen gesetzt sind.

Für einige Dutzend Fingerhüte ist aber im kleinsten Garten Platz. In der Sonne halten sie sich an die Höhen, die in den Staudenkatalogen angegeben sind: ein Meter, ein Meter zwanzig, anderthalb Meter. Im lichten Schatten des Chinesischen Rotholzes schießen die haarigen Schäfte aber schulterhoch auf, bevor sich die Blütenähre überhaupt zu bilden beginnt. Wenden sich dann die Glocken alle nach vorn, zum Licht, stammen die Eltern direkt aus dem Wald, denn die Wildstaude blüht einseitswendig, bei den Züchtungen läuten die Glocken nach allen Seiten. Es sind aber eher Schläuche als Glocken, in denen die neugierigen Finger der kleinen Mädchen ganz verschwinden, wenn sie sich solch einen großen weichen Fingerling unbedingt mal überstülpen müssen. Der alte Gärtner hockt vor seinem Fingerhut und sieht sich nicht satt an den immer etwas anders gefärbten und geformten Saftmalen in denBlütenschlünden. Da möchte man Hummel sein, in solche Paradiese zu schlüpfen.

Neben dem heimischen Roten Fingerhut und seinen Gartensorten gibt es zwanzig andere Arten, zum Beispiel den Gelben Fingerhut, aus Nordspanien, Digitalis lutea, und den Wolligen Fingerhut, laneta, und den Rostfarbenen, ferruginea, beide aus Kleinasien. Den Großblütigen Fingerhut nicht zu vergessen, grandiflora, blaßgelb die dikken Blüten. Schön sind sie alle, aber manche sind mehr interessant als wirklich prächtig. Mit ihnen darf der Sammler glücklich werden. Uns genügt der Rote Fingerhut, besonders wenn er weiß ist. Und unsern Hummeln auch.

Unsere Unkräuter

Sind Gärtner bessere Menschen? Welche Frage! Krimileser wissen: Der Gärtner ist der Mörder. Leider ist er es nicht bloß im Kriminalroman. Nur ein strenger Winter legt dem Unhold für einige Zeit das Handwerk. Doch fängt er, kaum ist der ärgste Frost vorbei, schon wieder an mit dem Abschneiden und Ausreißen und Umhacken. Ist es endlich Frühling geworden, regt sich Leben zwischen den Beeten, so hebt das Stechen und Hauen erst richtig an. Manche gehen mit dem blanken Messer auf den Löwenzahn los. Falls nicht gleich die chemische Keule geschwungen wird, weil Weißklee im Rasen entdeckt wurde oder Ehrenpreis oder gar ein Gänseblümchen.

Wo Menschen sind, gibt es Krieg, manchmal jahrzehntelang nur kalten Krieg. Wo Gärtner sind und gute Gärtnerinnen, wütet der immerwährende Krieg. Es ist ein Krieg, der um so härter geführt wird, je länger der nicht geschlossene Friede seit 1945 nun schon dauert. Die Munitionslager in den Gartenfachgeschäften sind gefüllt. Die chemischen Waffen werden zwar geächtet, aber sie stehen weiter zur Verfügung. Mit dem Wohlstand wächst der Wille zum Konflikt. Bis zur vierten Auflage trug zum Beispiel der siebente Band von Winters naturwissenschaftlichen Taschenbüchern im Verlag Gebrüder Borntraeger den Titel »Unsere Unkräuter«. Das klang fast wie: Unsere Verbündeten. Oder: Unsere Gäste. Die verbesserte fünfte Auflage enthält statt der alten freundlichen Aquarelle gestochen scharfe fotografische Feindbilder, und der Titel ist schroff auf ein Wort zurückgenommen:

»Unkräuter«. Das klingt wie: Nieder mit ihnen! Recht so, sagt der Gärtner, sagt jeder, der einen Garten in Ordnung halten muß.

Gärtner, aber auch die besseren Menschen unterscheiden Wetter und Unwetter, Lust und Unlust, Ding und Unding, Kraut und Unkraut. Das Unkraut ist ein Unglück und immer im Unrecht. Mit den Kräutern und Unkräutern verhält es sich wie mit den Kosten und Unkosten. Kosten sind erwünscht, sie halten die Bilanz im Gleichgewicht, sie mindern die Steuerschuld; Unkosten sind unsittlich. Auch die Unkräuter sind eine Schande. Nicht nur für die ganze Kleingartenkolonie, die sich wie ein Mann gegen den stellt, der im Kampf gegen das Unkraut versagt. Das Unkraut ist eine Schande für die ganze Natur. Der Teufel muß es in die Welt gebracht haben.

Darum nimmt sich der brave Mann auch das Recht, fuchsteufelswild zu werden, und nimmt sich nötigenfalls einen Anwalt, wenn beim Nachbarn Kreuzkraut und Gänsedistel in Samen gehen, wenn Quekken und Brennesseln ihre Wurzeln unterm Zaun durchschicken. Deshalb gibt es sogar Ortssatzungen und Anordnungen von Landesämtern, die auch dem Hausgärtner die Bekämpfung bestimmter Pflanzen auf seinem Grundstück zur Pflicht machen. Es drohen Geldbußen bis zehntausend Mark.

Werden auf Feldern und in Gärten Aggressionen erzeugt und abgeleitet wie auf Fußballplätzen? Führt der Wohlstandsgärtner inden Zeiten der deutsch-französischen Freundschaft einen lächerlichen Ersatzkrieg gegen das Franzosenkraut und die Gemeine Melde? Nein, die Wut ist echt, der Haß ist uralt. Er ist mindestens so alt wie der biblische Fluch »Disteln und Dornen soll dein Acker tragen«. Seither sind unsere bäuerischen Gemüter aufgebracht gegen die ungebetenen Gäste, gegen die Schmarotzer, die den Nutzpflanzen Platz und Nahrung streitig machen, den Ziergewächsen stürmisch die Schau stehlen. Wie sieht denn ein Rosenbeet aus, das von aufschießenden Disteln überragt und von linksdrehenden Winden gewürgt wird?

Und wie kommt sich der Rosengärtner vor, der mühsam gezüchtete, teuer erkaufte und genährte, sehr pflegebedürftige Pflanzen heranzieht – und dann werden sie fast über Nacht von bedürfnislosen und nicht weniger bewundernswerten Pflanzen in Frage gestellt? Was ist, fragt die wilde Winde, die unbesiegbare, was ist die Salonschönheit der Rose wert, die ohne die helfende Hand des Menschen nicht überlebt?

Hier liegen die Wurzeln des ohnmächtigen Zorns: Daß da Ungerufene, Nichtseßhafte, aber überall Gegenwärtige immer wieder stärker sind als alle gärtnerische Bemühung. Daß da etwas ist, das sich unserem Ordnungsdrang widersetzt. Daß dem Menschen Tag um Tag bewiesen wird: Natur ist allemal stärker als Kultur. Und lebendiger obendrein. Als unser Garten noch keiner war, sondern verunkrautetes Baugelände, war er ein Rammlerparadies. Als noch nicht Rasen zu mähen, sondern das Haus auszubauen war, hoppelten die Wildkaninchen vorm Fenster und ließen sich die köstlichen Unkräuter schmecken.

Was ist denn Unkraut? Ein Gewächs, dessen Nutzen noch nicht erkannt oder schon wieder vergessen ist? Dann wäre die Ackerwinde, Convolvulus arvensis, gar keines. Der Aufguß von einem Teelöffel Kraut pro Tasse, fünf Minuten durchgezogen, dreimal am Tag getrunken, soll gut sein gegen Verstopfung und Fieber. Oder ist Unkraut ein Gewächs, das den gerade gängigen Vorstellungen von Schönheit, von Verfeinerung nicht entspricht? Die rosagestreifte Ackerwinde blüht zwar wie ihre reinweiße Schwester, die Zaunwinde, von Mai bis September, aber nur unter der Sonne; nachts und bei schlechtem Wetter hält sie die Augen geschlossen. Die sensiblen Winden sagen den Regen zuverlässiger an als der Deutsche Wetterdienst. Oder ist es ein Gewächs, das sich ungewollt einfindet und ungeniert ausbreitet? Dieser Definition von Unkraut fallen die Winden dann doch zum Opfer. Sie sind so gut wie unausrottbar. Die Wurzeln sitzen meter-

tief im Boden, sie werden nur abgerissen und treiben von neuem aus, der flachlaufenden Quecke ist besser beizukommen, die Brennessel macht es uns mit einem geballten Wurzelgeflecht geradezu leicht. Aber die Winde kann den Geduldigsten beim vergeblichen Jäten zur Verzweiflung bringen.

Liebet eure Feinde? Wir müssen diese Widerständler zumindest bewundern. Denn das Hassen hilft nicht. Der Haß macht uns nur noch ohnmächtiger. Dem Unkraut ist nun mal kein Kraut gewachsen, auf die Dauer auch kein Gift. Mit dem Unkraut müssen wir leben. Unter Naturschutz soll es nicht gestellt werden, doch etwas mehr Toleranz, mehr Gleichmut kann nicht schaden. Sonst leidet die Gartenlust.

Der Taubenbaum winkt mit weißen Tüchern

Heiraten oder einen Baum pflanzen, es ist fast das gleiche. Ein Akt der Zuversicht: Ich glaube, ich habe den Richtigen gefunden. War es Liebe auf den ersten Blick, muß man hoffen, daß die Wahl mit Glück getroffen wurde: Werde ich denn mit diesem Gewächs in zwanzig Jahren noch in Eintracht leben können? Das ist die Frage, die sich Schnellentschlossene nicht stellen. Bäume wachsen sich aber oft zu Tyrannen aus: Alles muß sich unterordnen. Nicht nur dem Rasen und den Rosen nehmen sie das Licht. Darum muß man ihnen gleich den rechten Platz zuweisen. Nicht vorm Fenster. Nicht über dem Staudenbeet. Sträucher lassen sich nach vielen Jahren noch umsetzen, einen Baum, der eingewachsen ist, verpflanzt man nicht mehr. Bis erkennbar wird, wie breit er sich macht, ist es eh zu spät.

Der Gärtner kann sich jedoch, anders als der Ehepartner, ungestraft befreien. Sieht er endlich, daß der heimische Feld- und Waldbaum, den er sich irrtümlich in den Garten geholt hat, fehl am Platz ist, wird er die Säge ansetzen. Das ist freilich nichts anderes als Scheidung durch Mord. Und hat der Stamm einen gewissen Umfang überschritten, hätten Behörden genehmigen müssen; es droht doch noch Strafe. Liest der Unhold allerdings rechtzeitig, was Claus Schulz in seinem neuen Buch »Bäume und Menschen« (Werner-Verlag, Düsseldorf) über den Baum im Garten schreibt, läßt er nicht nur Axt und Säge, sondern schon die Astschere sinken.

Er wird sich, wenn das Gärtchen nicht gar zu klein ist, lieber Nebenfrauen leisten und bei Gelegenheit noch mal eine Junge nehmen, eine besonders Schöne aus China, deren auffällige Art, sich zu schmücken, ihm bis gestern noch suspekt gewesen war: Die mit ihren tausend Tüchern winkende Davidia, hatte er gedacht, kommt für mich nie in Frage, sosehr sich der badische Freund auch immer bemühte, ihn zu verkuppeln. Nun, nach einer größeren Kulissenschieberei und Bühnenerweiterung, steht sie doch über dem neuen Rhododendronbeet, kindlich noch, wenn auch schon drei Meter hoch: In fünf oder zehn Jahren wird sie zum erstenmal blühen. Wieder ist Zuversicht im Spiel: Das werde ich noch erleben.

Die Davidia ist schon im Jungmädchenalter sehenswert: Schmalhüftig, dennoch stämmig, sparsam verzweigt, jedoch sehr regelmäßig gebaut, die kräftigen Äste rings um den Stamm zum Himmel gestreckt, lindenähnlich die Blätter. Aber aufgepaßt, wenn nach Katalog bestellt wird, bei den billigeren Pflanzen handelt es sich um Heister, um Büsche. Zum Hochstamm erzogen, kostet das Bäumchen einige hundert Mark. Nicht nur die Rarität will bezahlt sein, auch das langsame Wachstum. Viel mehr als zwanzig Zentimeter im Jahr legt die zierliche Chinesin nicht zu; in die Breite geht sie erst im Alter.

Doch welche Sensation, wenn sie schließlich erwachsen ist: Plötzlich, im Mai, sitzt weißes Geflügel im Baum. Sitzt? An langen Stielen hängen kleine Bälle, die aus sehr vielen männlichen Blüten und einer einzigen weiblichen bestehen. Das ist es aber nicht, was uns staunen macht, sondern die beiden ungleich großen cremeweißen Hüllblätter, die sich schützend darüberwölben. Ist die Davidia wirklich ein Taubenbaum? Bei sehr schrägem Morgenlicht und einer gewissen Unausgeschlafenheit mag man Tauben sehen. Sind es nicht seidene Taschentücher, die im Baum hängen? Ganz falsch ist der andere Name Taschentuchbaum jedenfalls nicht.

Ob Tauben oder Taschentücher, diese Brakteen, diese weißen Hochblätter, sind unter all den Lockmitteln und Schauapparaten im Blütenwesen etwas sehr Besonderes. Man stelle sich vor, welche Gefühle sich des französischen Paters Armand David bemächtigt haben, als er 1869 den bis dahin im Abendland unbekannten Baum während einer botanischen Exkursion in der Provinz Yünnan entdeckte. Seine begeisterte Beschreibung und das Herbarmaterial, das jedoch keinen keimfähigen Samen enthielt, wurden später in Paris ausgewertet. Erst vor der Jahrhundertwende gelangte Samen aus Szetschuan nach Frankreich. Das erste Bäumchen soll dann schon 1906 im Arboretum des Herrn Maurice Leveque de Vilmorin in Les Barres an der Loire geblüht haben. Fast zur gleichen Zeit hatte die englische Gärtnerei Veitch den Pflanzenjäger Ernest Wilson beauftragt, in China nach dem Baum Davids zu suchen. Auch Wilson wurde, behindert durch den Boxeraufstand, nach allerlei Umwegen in Szetschuan fündig. Als er zurückkehrte, hatten die Franzosen ihr Bäumchen schon gezogen.

Die Davidia ist nicht ganz anspruchslos, wächst aber auch auf Sand und im Lehm, wenn der Boden halbwegs fruchtbar ist und mit Lauberde oder Torf verbessert wurde. Sie liebt es feucht. Falls sie nicht im Halbschatten steht, sondern in der Sonne, muß nicht nur in Trockenzeiten gewässert werden. Gegen starken Frost kann ein junger Baum empfindlich sein, nach einigen Jahren ist die Davidia winterfest. Aber allzuviel Wind behagt ihr nicht. Man wird ihr einen geschützten Platz suchen, an dem sie sich entfalten und zur Schau stellen kann.

Wenn sie blüht, muß man von weit her sehen können, wie sie durch den Garten leuchtet.

In England scheint es die als die eigentliche Art angesehene Davidia involucrata in Parks und auch in Baumschulen zu geben, jene, die der Pater David beschrieben hatte. Sie soll an den Blattunterseiten samtartig behaart sein. Wir besitzen und vermehren auf dem Kontinent wahrscheinlich nur die beiden Unterarten: Davidia involucrata »vilmoriniana« ist kaum behaart, ganz glatt sind die Blätter der anderen Varietät »laeta«.

Wir besitzen? Da kann Claus Schulz nur lächeln. Der Holzfachmann und passionierte Gartenamateur sieht das Verhältnis von Bäumen und Menschen aus vielen Blickwinkeln, immer steht der Baum im Zentrum. Ob der Mensch nur nutzt oder auch verehrt, der Baum bleibt der Souverän. Es gibt andere Bücher zum Thema, die nachdenklich machen, aber keines, das uns mit so vielen Fakten und starken Bildern konfrontiert. Wer lesend und schauend durch das Schulzsche Universum gewandert ist, sieht von Stund an jedwedes Bäumchen mit anderen Augen.

Und ist mit seiner Davidia um so glücklicher. In Lugano haben wir Ende April recht stattliche Exemplare gesehen. Nördlich der Alpen kommen die Davidien selten über zwölf Meter hinaus, viele bleiben bei acht Metern stehen. Das ist gut für unsere kleinen Gärten. Damit wir nicht in Bedrängnis geraten unter einer übermächtigen Krone.

Die Akelei kommt aus dem Wald

Schön erhebt sich der Aglei, und senkt das Köpfchen herunter./ Ist es Gefühl? oder ists Mutwill? Ihr ratet es nicht.« Behauptet Goethe. Es gab aber und gibt immer Leute, die zu wissen glauben, was die Welt bewegt – und die Akelei. Im Mittelalter und bis über die Dürerzeit hinaus galt sie als Gottesanbeterin, als Sinnbild der Frömmigkeit und heilige Pflanze. Die Brüder Limburg malten sie in die Stundenbücher des Duc de Berry. Sie schmückte und verdeutlichte rheinische, fränkische, italienische Marienbilder und versorgte Märtyrertafeln wie Stephan Lochners »St. Gereon mit seinen Streitern« auf dem rechten Flügel des Kölner Dombilds. Denn sie war damals als Heil- und Wundkraut in ärztlichem Gebrauch, trotz einer gewissen Giftigkeit. Die Akelei enthält in allen Teilen Blausäure.

Ihre ungewöhnliche Erscheinung mit den gekrümmten Spornen hinter oder über den gespreizten und gefältelten Blütenglocken läßt sich auf dem Portinari-Altar von Hugo van der Goes besser studieren als auf vielen Fotos. Ganz vornehin, noch vor das liegende Ährenbündel, hat der Maler bei der Stallszene von Bethlehem eine Vase mit Lilien gestellt und daneben ein venezianisches Glas mit dem kräftig verzweigten Stengel einer Akelei, deren sieben tiefblaue Blüten in Andacht sich neigen. Man muß aber nicht nach Florenz fahren, sich nicht durch die Uffizien quälen, es gibt Postkarten, die den Vordergrund im Ausschnitt zeigen: die beiden lapislazuliblauen Engel, die mit gefalteten Händen und faltenreichen Gewändern neben Lilien und Akelei knien.

Nicht alle Akeleien senken fromm das Köpfchen, manche wenden es neugierig zur Seite oder heben es ungeniert gen Himmel. Doch van der Goes und Goethe hatten für das Altarbild wie fürs Frühlingsgedicht die Waldakelei vor Augen, Aquilegia vulgaris. Sie neigt die dunkelblauen oder dunkelvioletten Blüten wie kaum eine andere der hundertzwanzig Arten aus Ost und West. Diese Gemeine Akelei, die so elegant und mutwillig wirkt und zugleich so schwermütig, wurde früh zur Gartenpflanze erhoben, erst von Mönchen und dann von den Bäuerinnen. Heute bietet der Samenhandel Züchtungen, die in noch schwermütigeren Farben von Braunrot über dunkles Purpur und

Braunschwarz den Kopf hängen lassen. Am anderen Ende spielt die Farbpalette über verwaschenes Rosa zu reinem Weiß: Sehr unschuldig und sehr aufrecht blüht Aquilegia vulgaris Nivea, die vor einer dunklen Hecke noch heller leuchten kann. Gertrud Jekyll, die englische Waldgärtnerin, hat dieses Schneewittchen besonders geliebt; jetzt schläft es hinter den sieben Bergen, weil es mit seinen kurzen Spornen dem Schönheitsideal nicht mehr so recht entspricht.

Im Wald ist die Akelei selten geworden. Daß sie unter Naturschutz gestellt wurde, hat ihr nicht geholfen. Wenn eine Blumenpflückerin vorbeikommt, ist es um sie allemal geschehen, und um die Kinder und Enkel auch. Denn die Akelei hätte sich mit den Samen vermehrt, die sie nun nicht mehr bilden kann, da sie alle Blüten auf einem Stengel trägt. So lebt die Waldbewohnerin fast nur noch in den Gärten fort, nicht nur in der graziösen Urform, sondern oft gescheckt und gefüllt. Sie gleicht dann einer Dame reiferen Alters, die sich zum Opernball gerüstet hat.

Es gibt enorme Schönheiten unter den Akeleien. Und nicht alle sind so schwierig zu kultivieren wie die Alpenakelei, die in den Hochlagen der Schweiz wächst und noch ein bißchen nach Vorarlberg hinein. Wer ihr in zweitausend Metern Höhe begegnet, vergißt es nicht: Das Azurblau ihrer großen Blüten glüht im Licht der Höhe noch tiefer. Bei den im Fachhandel als Aquilegia alpina angebotenen Sorten für den Steingarten soll es sich aber meist um Züchtungen handeln, die von der vulgaris stammen. Steingärtner schwärmen von niedrigen Arten aus den südlichen Kalkalpen und von der kaum eine Handspanne hohen Fächerblättrigen Akelei (flabellata) aus dem Fernen Osten, sie tauschen untereinander Samen der kaukasischen, griechischen und spanischen Bergakeleien, die kaum je eine Gärtnerei anbietet. Oder gar Samen aus Kaschmir und Nepal. Die hochbeinigen Gewinnerinnen der neueren Schönheitskonkurrenzen kommen aus Amerika, aus Kalifornien, Colorado, Texas oder Mexiko. Zu Karl

Foersters Zeit nannte man sie Schmetterlingsakeleien. Sie flattern auf meterhohen Stengeln, haben offenere Blüten, schmale Kronblätter und sehr lange, gerade Sporne. Die Blüten sind meist zweifarbig wie die Straßenkreuzer in den fünfziger Jahren, selten blau, oft rot und weiß oder rot und gelb. Die Herzen jener Gärtner schlagen höher, die auf Attraktion und Rarität erpicht sind. Aber der Heilige Geist wohnt nicht in solchen Schöngesichtern, obwohl sich ihre Kronblätter auch mit den Schwingen der Taube vergleichen lassen. In den Blüten der Gemeinen Akelei kann man dagegen mit etwas Glück die Silhouetten von fünf sitzenden Tauben erkennen; die Sporne haben als die einander zugewandten Hälse und Köpfe zu gelten. In Mähren wurden die Akeleien früher »Tauberln« genannt, in der Steiermark heißen sie »Fünf Vogerl zsamm«, in England »Columbine Flowers«, aber auch »granny's bonnet«, Großmutters Häubchen.

In Deutschland soll der Name Adlerblume volkstümlich gewesen sein. Eher darf man glauben, der botanische Name Aquilegia leite sich vom Adler her, von aquila, weil die gekrümmten Sporne den Krallen des Greifvogels ähneln. Andere behaupten, Hildegard von Bingen habe sich den Namen ausgedacht und dafür die lateinischen Wörter aqua und legere verbunden, weil die becherförmigen Kelchblätter den Regen fangen. Ist sie nun die Wassersammlerin? Oder ist sie die Adlerkralle? Wir raten es nicht, wollen die Philologie auch nicht zur Hauptsache oder gar zur Glaubenssache machen, sondern einen sonnigen Platz suchen für die eine oder andere der kleinen Gebirglerinnen und der amerikanischen Exoten. Im halbschattigen Gartenwinkel hat sich Goethes mutwillige Aglei längst über jegliche Konkurrenz in schöner Unbescheidenheit erhoben.

Jelängerjelieber

Komm in meine Liebeslaube, in mein Paradies«, singt die weißhaarige Vermieterin, während sie in der Küche den Wasserhahn öffnet, um für Alec Guinness und die anderen drei Herren des Quartetts den Tee aufzusetzen. Doch das Wasser fließt noch nicht, die alte Dame muß erst mit dem Hammer gegen das Leitungsrohr schlagen, das nun knallt, dröhnt und spuckt. Später wirbeln dann die Pfundnoten aus dem Cellokasten. Ein Film wie die »Lady-Killers« gibt nicht nur Geldräubern zu denken. Wir Gärtner können uns, in England und anderswo, das Paradies hinter dem Küchengarten, so es nicht von Rosen umrankt ist, nur als Geißblattlaube vorstellen. Schon wegen des betörenden Duftes. Das Veilchen duftet, das Maiglöckchen, der Flieder, der Lavendel. Aber bei ihnen riecht es allemal nach Reinlichkeit. Das Geißblatt duftet schwül. Genießer lassen diese Schlingpflanze zum Schlafzimmerfenster hinaufklettern. Denn die Blüte öffnet sich am Abend. Erst in der Dämmerung beginnt sie, ihr Aroma betäubend zu verströmen.

Das muß niemanden hindern, auch am Tage hinter dem dichten Blattwerk Schutz vor Zuschauern zu suchen oder sich vor der blühenden Kulisse der Öffentlichkeit zu präsentieren. Peter Paul Rubens hat seine Braut Isabella Brant im Hochzeitsjahr vor einer Geißblattlaube gemalt, dazu sich selber, etwas erhöht. Sie war achtzehn, er war zweiunddreißig anno 1609 und schon der anerkannte Meister seiner Kunst. Das Bild hängt in München in der Alten Pinakothek. Es sagt der Nachwelt einiges zur Ikonographie des Verlöbnisbildes, noch mehr über die Mode der Zeit. Das Geißblatt bleibt im Hintergrund. Ob es ein Nördliches Geißblatt ist (Lonicera periclymenum), das heimische Waldgeißblatt, oder das Südliche Geißblatt (Lonicera caprifolium), das aus den Mittelmeerländern einwanderte – die Frage kann vielleicht beantworten, wer mit dem Vergrößerungsglas nach München fährt. Die beiden Arten unterscheiden sich kaum voneinander. Die Blätter sind dunkelgrün, an der Unterseite fast blau, die Blüten gelblich weiß, außen rot überlaufen. Aber beim caprifolium ist das oberste Blattpaar jeder Ranke zu einem Teller zusammengewachsen. Im Volksmund heißt dieses Geißblatt Jelängerjelieber.

Die Blütenröhren sind tatsächlich sehr lang. So lang, daß nur Insekten mit ungewöhnlichen Rüsseln an den Nektar gelangen. Also nicht Bienen und Hummeln, sondern die schweren, pelzigen Nachtschwärmer, die Geißblatt- und Windenschwärmer, die im Schwebflug ihr Saugwerkzeug in die Blüte senken und dabei die weit vor den Blütenmund hinausragenden Staubbeutel und Griffel berühren. Das Jelängerjelieber blüht, solange der Schwärmer fliegt, von Ende Juni bis August. Und die Blüte gibt ihre Lockstoffe gerade in jenen Stunden frei, in denen diese dicken Falter unterwegs sind. Wenn der Schwärmer Pech hat, ist der Honig jedoch schon fort. Dann haben am helllichten Tag räuberische Hummeln einfach hinten in den Blütenhals ein Loch gebissen und kurzerhand herausgeholt, was dort an Süßigkeit für den Abend vorbereitet war.

Wäre Rubens später geboren, hätte er die Braut auch vor einem chinesischen, japanischen oder amerikanischen Geißblatt malen können. Einige dieser Exoten sind allerdings wärmebedürftig und in Mitteleuropa nur im Weinbauklima oder im Gewächshaus lebensfähig. Aber ihre Hybriden, die aus Kreuzungen gewonnenen Abkömmlinge, gehen erfolgreich durch unsere Winter. Vielleicht gab es zu Rubens' Zeiten schon die Lonicera americana, die nichts mit Amerika zu tun hat, sondern ein ganz und gar europäisches Kind ist, Tochter von caprifolium und etrusca. Sie blüht von Ende Juni bis zum Frost und windet sich, wo es ihr gefällt, neun Meter hoch. Sie windet sich soll heißen: Sie klimmt, wie alle Geißblätter, nicht aus eigener Kraft wie Efeu und Wilder Wein, sondern braucht Kletterhilfen, die sie umschlingt oder durchwächst.

Die Gattung Lonicera wurde nach dem Frankfurter Stadtphysikus Adam Lonitzer benannt, der im sechzehnten Jahrhundert mit einem »Kreuterbuch« populär geworden ist. Den Geißblättern verschwistert sind die Heckenkirschen, die schon im Mai geblüht haben, aber überhaupt nicht klettern, sondern als zwei bis vier Meter hohe Sträucher den Gartenhintergrund füllen. Wo Kirschbäume stehen, soll man auf alle Heckenkirschen verzichten, weil die gefährliche Kirschfruchtfliege auch auf ihnen lebt, schrieb Franz Boerner, der noch die schönsten Heckenkirschen allenfalls als Unterholz im Park erlaubte, weil er den Platz im kleinen Garten mit wertvolleren Sträuchern genutzt sehen wollte.

Halten wir uns also an die Loniceren, die Lianen sind. Sie schlingen sich durch Zäune, überwachsen die Pergola oder steigen in alte Bäume – falls es wüchsige Sorten sind. Das ist wichtig: Einige Geißblätter gehen über anderthalb Meter nicht hinaus. Man darf in der Gärtnerei nicht einfach mitnehmen, was da zufällig zum Verkauf steht. Man muß Bücher und Kataloge studieren und dann die passende Sorte bestellen. (In Gärtnereien wie in Buchhandlungen ist nicht alles vorrätig, aber alles kann beschafft werden.) Sonst mag es geschehen, daß die Hölzer der Pergola auch im vierten Jahr oben nackt bleiben. »Das Kletterpflanzenbuch« von Peter und Ilse Menzel im Ulmer-Verlag dokumentiert und erklärt am besten, was es mit den sehr verschiedenen Geißblattarten auf sich hat. »Geißblätter, die an heißen, trokkenen Südwänden stehen, verlausen meist und wachsen nicht gut.« Der Sonne entgegen, aber mit kühlem Fuß! Die Geißblätter spielen mit den Farben Weiß, Gelb, Rot, manche blühen orange oder purpurn. Manche duften stark, andere bieten der Nase gar nichts. Manche winden sich fast ohne Zutun bis zum Dach hinauf, andere nehmen die schönste Kletterhilfe nicht wahr und verharren als strauchiges Gequirl am Boden wie einst unsere Lonicera heckrottii »Goldflame«, Blüten gelb und orange, unvergeßlich der Duft, aber ohne jeden Ehrgeiz zum Höheren. Drum prüfe, wer sich ewig bindet! Im Garten wie im Leben sind fünf Jahre schon eine halbe Ewigkeit. Die Liebe könnte verflogen sein, bevor die Liebeslaube schützend steht.

Teppiche aus Thymian

Mit den Jahren bilden sich Gewohnheiten, die nicht immer nur lachhaft sind. Am ersten Urlaubstag in der Ardèche fahren wir hinauf auf die steinigen Hochflächen über Balazuc und legen uns in den blühenden Thymian. Der Gärtner liegt und atmet den trockenen, strengen Duft und schaut den Wolken zu, wie sie sich runden, wie sie zerfließen. Die Gärtnerin genießt die aromatische Atmosphäre vielleicht noch mehr, hört die Grillen zirpen, springt aber bald wieder auf und schneidet so viele Zweige von den kleinen, graugrünen Sträuchern, die kaum eine Handspanne hoch sind, bis sie schließlich selber überzeugt ist, daß ihre Ernte bis zum nächsten Jahr reichen wird.

Wozu die Mühe, wenn man zu Hause einen Garten hat? Mit Kalkschotter, Sand und Kompost könnten wir auch dem Thymian in unserem Lehm eine Enklave schaffen. Aber wie groß müßte die sein! Zwei Rosmarinbüsche versorgen die Küche leicht, für ein Thymianbeet wäre jedoch noch mal ein gutes Stück Rasen zu opfern, dort, wo es am sonnigsten ist, wo die Liegestühle stehen. Hätte dann die deutsche Sonne Kraft genug, dem Thymian ein vergleichbares Aroma zu geben? Kämen ihr nicht zu viele Regenfronten in die Quere? Und den sogenannten Französischen Thymian, dessen wilde Brüder die baumlosen Höhen der Mittelmeerländer überziehen, könnten wir im Freien kaum über den Winter bringen, allenfalls den widerstandsfähigeren, noch langsamer wachsenden Deutschen Thymian, der aber doch mit Reisig oder Stroh vor hartem Frost geschützt werden muß.

Die Rede war jetzt von zwei Kultursorten des Echten Thymians, Thymus vulgaris; in den Katalogen heißt er Gartenthymian, im Volksmund Welscher Quendel. Der wahre Quendel ist der in ganz Europa verbreitete Feldthymian, Thymus pulegioides. Seine Blätter sind grüner, größer, fleischiger. Wie sein flach über den Boden kriechender Bruder, der Sandthymian, Thymus serpyllum, findet er sich auch auf manchem Kräuterbeet. Doch diese beiden sind eher eine Zierde des Steingartens, ihre Würzkraft ist sehr viel schwächer. Das hat mit der Zusammensetzung der ätherischen Öle in den Blättern zu tun. Der Echte Thymian verdankt sein pfeffriges Aroma dem hohen Anteil an Thymol, das desinfizierend wirkt. Zahnpasta enthält Thymol. Die Ägypter nutzten den Thymian zum Einbalsamieren der Pharaonen. Wer ein Herbarium anlegt, sprüht einen Thymian-Absud, mit Alkohol versetzt, über Pflanzen und Papier, um Schimmel zu verhüten. Vor allem soll der Thymian gut sein gegen Erkältung und Melancholie, als Tee, im Hustensaft, im Badewasser oder im Räucherpfännchen auf dem Ofen. Er beruhigt auch einen verkorksten Magen.

Wir verwenden ihn nicht erst am Krankenbett, sondern vorbeugend in der Küche, nicht bloß für die Bratkartoffel, sondern großzügig bei fast jeglichem Fleisch, für dunkle Saucen, für Gemüsegratins mit Tomaten, Auberginen, Zucchini. Der Thymian, der auch im Bouquet garni und in den Herbes de Provence enthalten ist, wird immer mitgeköchelt oder mitgebraten; erst die Hitze entlockt ihm seine volle Kraft. Man muß aber auch mal Tomatenviertel statt mit Salz und Pfeffer mit Thymianblättern bestreuen: ein ganz anderer Genuß. Beim Grillen der Lammschulter oder einer Côte de bœuf darf ein Zweig in die Glut fallen. Dem Nachbarn zieht das Rauchopfer so angenehm in die Nase wie einst den Göttern im alten Hellas, denen Thymian auf den Altären dargebracht wurde. Vom griechischen thȳmiama, Räucherwerk, leitet sich der deutsche Name ab. Das botanische »Thymus« geht auf das griechische Wort für Thymian zurück, thýmos, wird

aber immer wieder mit thȳmós in eins gesetzt: Kraft, Mut. Die Thymianhistoriker berichten dann gern, daß die römischen Legionäre Thymianbäder genommen haben. Vielleicht waren die Männer am Limes aber nur erkältet? Und im Mittelalter sollen die adligen Damen deutscher Nation ihren Rittern zum Abschied ein Thymianzweiglein zugesteckt haben. Für den Mut zum Rückzug?

Ein Suppenrezept aus dem Jahr 1663 empfiehlt Bier und Thymian als Mittel gegen Schüchternheit. Das hätten wir in unserer Jugend wissen sollen. Heute gefällt uns eine Soupe à la farigoulette, deren Rezept Roger Vergé in seinem Kochbuch »Feste in meiner Mühle« (DuMont) verrät. Farigoule oder farigoulette ist die französische Bezeichnung für unseren wilden Urlaubsthymian. Unter den alten deutschen Namen für den Thymian: Quendel, Gundelkraut, Hühnerkerbel, Wurstkraut, Jungferndemut, Immenkraut macht die Bezeichnung Feldkümmel stutzig. Nicht alle Thymiane duften wie Thymian. Einige schmecken zitronenartig, besonders der Thymus citriodorus. Ein anderer verbreitet Fichtenduft. Und Thymus herba barona riecht wirklich nach Kümmel.

Hätten wir die Nase näher am Boden, wie die Vierbeiner, wir würden uns ein Kräuterbeet wünschen mit allen diesen Thymianen nebeneinander, um schnuppernd darin spazierenzugehen. Vita Sackville-West hat in Sissinghurst üppige Thymianbeete angelegt, aber fürs Auge: Die strauchigen und die kriechenden Arten mit ihrem hellgrünen oder dunkelgrünen, gelbgrünen, graugrünen oder blaugrünen Laub bilden dichte Polster, farbige Teppiche. Im Frühsommer und oft bis in den Oktober hinein blühen sie zudem in Schattierungen von Blaßrosa bis ins dunkelste Purpur, aber auch reinweiß. Von den kriechenden Thymianen haben wir einige grüne und graublättrige über die Steine am Bach gesetzt, noch bevor wir Vitas Satz vom »großen Geheimnis des guten Gärtners« lasen, »jeden verfügbaren Platz mit entsprechenden Teppichpflanzen zu bedecken«. Ob aber Strauch oder kriechendes Kraut, jeglicher Thymian fühlt sich dort gut aufgehoben, wo der Boden mager ist und die Steine warm sind, wo sich der Salamander sonnen würde.

Daß der Thymian auch Immenkraut genannt wurde, versteht, wer den Thymianhonig in der Provence oder in Griechenland entdeckt hat. Den Bienen muß der mediterrane Thymian so lieb sein wie uns. Der Honig schmeckt nicht eigentlich nach Thymian, wie auch der milde Rosmarinhonig gar nicht an Rosmarin erinnert. Aber er hat eine wunderbar zartherbe Würze, ein Aroma, das jeden Morgen beim Frühstück die Wolken wegschiebt.

Das Geheimnis der Geranie

Rot heißt Liebe. Grün heißt Leben. Nichts stärkt und schmückt die Balkongeländer und Fenstersimse eines ansehnlichen Hauses mehr als die rotgrüne Koalition kräftiger Geraniengalerien. Warum fühlen sich denn die Feriengäste aus dem steifen Norden in Bayern so wohl? Weil sich die Balkone der breiten Bauernhäuser dort das satte Laub und die feurigen Blüten der Geranien so üppig vor die Brust nehmen. Geranien am Haus: das ist anheimelnd; es ist das Gegenteil von sozialem Wohnungsbau. Geranien im Holzkasten: das ist wie Zöpfe über Kniestrümpfen, also ziemlich altmodisch, aber reizend.

Die Geranien, die wir da rühmen, sind jedoch gar keine. Denn Geranien sind bodendeckende Kräuter und Halbsträucher im Freiland, geeignet für Steingärten und Böschungen, auch für schattigere Winkel, die dem Rasenmäher schwer zugänglich sind. Geranien haben fingerförmig gelappte oder zerschlitzte Blätter, ihre Blüten umspielen vor allem blaue und violette Farbtöne wie das am häufigsten angebotene Geranium platypetalum. Aber wer braucht schon Geranium?

Wenn wir in die Gärtnerei fahren oder zum Supermarkt, kaufen wir Pelargonien; sechzig Millionen Pflanzen pro Jahr, zumeist Zonalpelargonien, das sind die stämmig aufrechten, oder Efeupelargonien, das sind die langstielig hängenden. Oder beide zugleich: Die einen kommen dann hinten im Kasten zu stehen, die andern, auf Lücke gepflanzt, fließen vorn als grünbunt geplusterter Überwurf weit über die Balkonwand hinunter. (Wenn es nicht kleinblütige Wildpelargonien sind, deren zierliches Laub einen feinen Duft verströmt. Die stehenden und die hängenden Prachtpelargonien sind Züchtungen, Abkömmlinge jener wilden Pflanzen, die um 1700 aus Südafrika kamen, wo sie zwei Meter hohe Sträucher bilden.) Doch wenn wir dann mit diesen oder jenen Pelargonien nach Hause kommen, heißt es: »Übrigens, ich habe die Geranien schon gekauft!«

Schuld an der Begriffsverwirrung trägt der dessenungeachtet bewunderungswürdige Herr von Linné, der einst eine allzu große Gruppe von Storchschnabelgewächsen mit dem Namen Geranium versah. Als dann ein Menschenalter später der englische Gartendirektor Aiton aus gutem Grund eine Gattung ausgliederte und sie Pelargonium nannte, war es offenbar schon zu spät: Noch heute sagen wir Geranien zu unseren Pelargonien.

Die nehmen das nicht übel. Sie sind geduldig, sie nehmen vieles klaglos blühend hin: zuwenig Wasser und zuviel Wasser, zuviel Nährstoff oder zuwenig, starken Wind und harten Regen, auch zuwenig Sonne, zuviel können sie allerdings überhaupt nie kriegen. Darum ist die Geranie das ideale Gewächs für Anfänger und für Leute, die keinen Garten haben, aber immerhin einen Balkon oder wenigstens ein Fenster, vor dem sich ein Blumenkasten anbringen läßt. Es sollte allerdings keiner aus Plastik sein; das wäre an der falschen Stelle gespart. Nicht nur ästhetische Gründe sprechen gegen den billigen Plastikkasten, auch praktische. Wenn die Sommersonne auf die dünne Plastikwand brennt, kann die Erde so heiß werden, daß die Wurzeln

Schaden nehmen. Pflanzgefäße aus Holz oder aus gebranntem Ton sind besser. Da trocknet die Erde auch nicht so schnell aus. Und diese Erde sollte ihren Namen verdienen. Billigerde aus dem Supermarkt tut es nicht, denn die besteht fast ausschließlich aus Torf, der immer entweder zu naß oder bald wieder zu trocken ist. Und weil sehr oft gegossen werden muß, wird der Dünger ausgeschwemmt, bevor ihn die Pflanze aufnehmen kann. Gut für den Balkonkasten ist eine Mischung aus Gartenerde und Kompost, vielleicht eine Handvoll Sand dabei. Am besten für alle Beteiligten ist die sogenannte Einheitserde, die mindestens ein Drittel an tonigen Anteilen enthält. Sie ist teurer als die anderen Handelserden, hält aber die Feuchtigkeit und die Nährstoffe. Gut gebettet und gut genährt blühen die Pelargonien auch im späten Herbst noch über dichtem, sattgrünem Laub. Vor fünfzehn Jahren hatten wir keinen blassen Schimmer von der Botanik und der Gärtnerei, wußten aber aus der Küche, daß man bei den Zutaten nicht sparen darf: unsere Geranien und Pantoffelblumen rund um den Balkon konnten sich sehen lassen. Die Pantoffelblumen ließen wir bald weg, weil wir hilflos waren gegenüber den Läusen. Heute ließen wir sie weg, weil unser mittlerweile erwachtes Gärtnerauge das Gelb gern der Post überläßt.

Das ist auch ein Vorzug der Geranie: Sie ist verträglich. Wer es mag, kann es bunt mit ihr treiben. Erstens hat sie außer dem geliebten Rot selber noch allerhand Farben auf der Palette, zweitens läßt sie sich mit einem guten Dutzend von Balkonblumen zusammenbringen, vom Fleißigen Lieschen über die Margerite bis zum Männertreu. Und die meisten Menschen mögen es ja so: je bunter, desto besser. Unter den broschierten Ratgebern zum Thema fällt das selber sehr farbige Bändchen von Andreas Riedmiller auf: »Geranien, Pelargonien. Experten-Rat für Kauf, Pflege und Vermehrung« (Gräfe und Unzer). Die ganze Pelargonien-Wissenschaft auf kaum mehr als sechzig Seiten, reichlich Bilder dabei. Und das Abenteuer des Überwinterns ist nun gar keines mehr, sobald ein paar Grundregeln beachtet werden: kein Rückschnitt, aber viel Licht, Kellerkühle um zehn Grad und ein gewisses Maß an Feuchtigkeit. Oder man wagt sich sogar an die Stecklingsvermehrung. Die empfiehlt auch Karlheinz Rücker in dem Vierhundertseitenbuch »Die Pflanzen im Haus«, einem ungewöhnlich schönen Band des Ulmer-Verlags. Bei Rücker liegt der Akzent natürlich auf Edelpelargonien und den seltsamen Duftpelargonien, die im Zimmer bleiben. Trotzdem darf auf das Buch hier aufmerksam gemacht werden, weil ja die Balkonbesitzer und die Fensterbrettgärtner so weit auseinander nicht sind und weil dieses lexikalisch geordnete Bilderbuch so reich ist und so gut lesbar, daß es auch der Zimmerpflanzenmuffel zu seinem blanken Vergnügen in die Hand nehmen kann wie der Atheist das Alte Testament.

Die Versuchung ist groß, nun auch noch andere neue und bemerkenswerte Werke aufzuschlagen, etwa die »Blütenpflanzen der Welt« aus dem Stuttgarter Birkhäuser-Verlag, wo uns nebenbei die Augen geöffnet werden auch für das Riesenreich der Storchschnabelgewächse. Noch besser wäre es, ohne die Bücher bei den wilden Storchschnäbeln in Wald und Wiese spazierenzugehen und beim heilkräftigen Ruprechtskraut zu verweilen. Doch darüber vergäßen wir Vor- und Kleingärtner dann dieses ganz: Daß die aus Südafrika gebürtige und darum bei uns nicht winterharte Geranie genauso unermüdlich und genauso feurig das Beet hinterm Haus schmücken kann wie vorn und oben die Fassade. Wenn die auserwählte Pelargonie nur richtig sommerfroh und rot ist. Denn rot ist die Liebe. Rot ist schön.

Die Seerosen Claude Monets

Aller Anfang ist schwer. Sagt man. Eigentlich muß es heißen: Er ist schwierig. Schwer ist der Korb voll Lehm, in dem die neue Seerosenknolle sitzt, die jetzt im Gartenteich versenkt wird, damit sie im Sommer blüht. Schwierig ist der Anfang eines Seerosenartikels, weil er sich schwerlich mit einem Hinweis auf den Unterschied zwischen Mann und Frau und auch nicht mit einem kleinen Rezept aus der Küche bestreiten läßt. Seerosen wollen wir nicht essen. Obwohl das alte Konversationslexikon meldet: »Der stärkemehlreiche und gerbstoffhaltige Wurzelstock ist genießbar und wurde früher wie auch die Blüten und Samen medizinisch als Aphrodisiakum benutzt.« Und trotz dieses Stichworts müssen wir aus Gründen der Schicklichkeit darauf verzichten, den Witz von dem Frosch mit der lockeren Badehose zu erzählen, der sich auf einem Seerosenblatt reckte: Ich bin ein Schwan, ich bin ein Schwan! Und eine vorbeischwimmende Ente, die ihm zuerst lächelnd widersprach, als er die Hose fallen ließ, doch zu dem Ausruf nötigte: Mein lieber Schwan! Es darf aber ohne Scheu an die bedenklichen Fotos erinnert werden, die einst zur Demonstration der Tragfähigkeit von Seerosenblättern einen Säugling statt auf dem Eisbärfell auf dem grünen Tablett der Victoria regia im Seerosenbecken eines botanischen Gartens zeigten.

Die Victoria regia, die neuerdings Victoria amazonica heißt, eine tropische Verwandte der Seerose, wäre für den Gartenteich schon wegen ihres Umfangs nicht geeignet. Außerdem blüht die Südamerikanerin nachts, wenn der Gärtner schläft. Wir wollen uns hier, damit es nicht noch schwieriger wird, nur über Seerosen kundig machen, die nicht auf ein Gewächshaus angewiesen sind, sondern unterm Eis den Winter überstehen, Seerosen, wie sie auch der Gärtner und Maler Monet in seinem Teich in Giverny setzte und auf großen und immer größeren Leinwänden immer wieder malte, die Seerosen und das wechselnde Licht, das die Farben verändert und, beim Impressionisten, sogar die Formen. Ein Seerosenhistoriker wird auf den verschwimmenden Bildern dennoch erkennen, wo in der Morgensonne Nymphea alba leuchtet, die heimische Wildart, wo im Nachmittagslicht die Nymphea artropurpurea dunkelt, die der französische Züchter Joseph Bory Latour-Marliac gerade erst 1901 entwickelt hatte, und kann gewiß auch sagen, was da kanariengelb blüht. Im tieferen Wasser wird es die Marliacea Chromotella sein, in Ufernähe vielleicht Marliacs Aurora, dort, wo es so bunt ist auf einem Fleck. Wenn sich die Blüten dieser Aurora öffnen, sind sie gelb, am zweiten Tag zeigen sie sich lachsorange und steigern sich schließlich vor dem Verblühen in ein kupfriges Rot. Die wandlungsfähige Pflanze kam schon 1895 auf den Markt.

Unsereins, in der Seerosengeschichte noch nicht so bewandert, erkennt vor Monets Wasserpanoramen immerhin eines, das Wichtigste: Die Seerosen dürfen nur Inseln bilden, wenn sie malerisch wirken sollen. Es muß Wasserfläche frei bleiben, Bäume und das Gebüsch am Ufer müssen sich spiegeln können, vor allem der Himmel. Schon die Zeitgenossen staunten: Bei Monet reicht der Himmel bis an die untere Bildkante.

Im Gartenteich haben wir den Himmel zu Füßen. Und die Fische, die durch den Himmel schwimmen. Die Fische haben uns überhaupt erst zur Seerose gebracht. Ursprünglich war der langgestreckte Teich mit den seitlichen Geröllfeldern, die den Regen sammeln, bloß als Reservoir gedacht. Doch dann sollten die Schleierschwänze, die dicken Schnakenlarvenvertilger, ein schützendes Blätterdach finden, damit sie sich nicht zwischen den Ufersteinen verstecken und verklemmen mußten, wenn sie den blauen Eisvogel in der Himmelsbläue ahnten.

Fürs erste holten wir uns in einer Wassergärtnerei zwei Körbe mit Nymphea alba. Wie ihre feineren Schwestern und die mit tropischem

Blut verfeinerten Abkömmlinge sei jedoch auch diese germanische Nymphe empfindlich; bewegtes Wasser behage ihr nicht, sagen die Bücher. In einem kleinen Bassin wird man den Springbrunnen und die Seerose zugleich nicht haben können. Bei uns wirft die Umwälzpumpe einen starken Strahl durchs Bambusrohr in einen Seitenarm des Gewässers, doch zwei Meter weiter breitet sich die doppelte alba, vermehrt um eine nicht weniger weiße Gladstonia, so kraftvoll aus, als seien die Blumen in einem stillen Weiher auf einer warmen Waldlichtung daheim. Licht, ja Sonne braucht die Seerose so nötig wie sauerstoffreiches Wasser. Wo es kühl und schattig ist, blüht sie nicht.

Die Seerose? Manche gedeihen nur in flachem Wasser, andere fühlen sich erst in der Tiefe wohl. Einige heben die Blüten über den Wasserspiegel hinaus. Und alle diese sternförmigen oder kugeligen Seerosengesichter, zum Verwechseln ähnlich, sind einander doch nicht ähnlicher als Menschenköpfe, also grundverschieden, nicht nur, weil sie weiß oder gelb sind, rosa oder rot. Neben dem Seerosenvater Marliac haben Amerikaner, dann auch Engländer, Holländer und deutsche Züchter die robusten weißen Arten der nördlichen Hemisphäre mit den starkfarbigen der Tropen vermählt, so daß die International Waterlily Society zu tun hat, den Überblick zu behalten.

Wie finde ich denn da meine Seerose fürs kleine Becken oder meine drei Rosen für den größeren Teich? Mit Kamera und Notizblock auf sommerlichen Besuchsreisen durch die botanischen Gärten. Dann bei den Seerosenspezialisten, die in den Gartenzeitschriften inserieren. Zuerst und zuletzt beim Studium der Bücher. Einen guten Einblick in die Seerosenwelt gibt der Bildband »Seerosen und andere Wasserpflanzen« im Verlag Stedtfeld. Man muß aber trotz aufschäumender Verliebtheit genau hinschauen und nüchtern abwägen. Wie der Heiratswillige, der ja auch nicht die erste Zuschrift auf seine Annonce ans Herz drückt, sondern mehrere Kandidatinnen in Augenschein nimmt. Ist die Schöne nicht zu langbeinig, erträgt sie meine

Seichtigkeit? Hat sie ein einnehmendes Wesen, oder begnügt sie sich mit dem ihr zugedachten Platz? Werde ich mit diesem Gelb in zwei Jahren noch glücklich sein?

Das sind Fragen, die sich einer beantworten muß, bevor er den Schatz ins Wasserbett setzt. Auch wenn er die Erwählte dann nicht malen will, sondern nur nach Feierabend genießen. Aber Vorsicht, die meisten Seerosen schließen die Augen schon, wenn die Sonne noch lang nicht untergeht.

Berauscht vom roten Mohn

Was haben Köche und Gärtner gemeinsam? Sie scheuen keine Mühe. Trotzdem soll man nicht den Koch zum Gärtner machen. Wohl aber den Gärtner zum Koch. Der nimmt vierzig Gramm gemahlenen Mohn, fünf Eigelb, hundertfünfzig Gramm Zucker und das Mark einer Vanilleschote, gibt einen guten Löffel Orangenblütenhonig dazu und schlägt im heißen Wasserbad auf. Schlägt den feinen Schaum auf Eis weiter, bis er wieder kalt ist. Zieht einen halben Liter steife Sahne unter. Läßt die Süßigkeit gefrieren. Zu vier Portionen Honigeis mit Mohn.

Das ist nicht Opium fürs Volk, sondern ein kalter Gaumenkitzel für Männer. Das ist ein Rezept des Aachener Gala-Kochs Gerhard Gartner, mitgeteilt schon im Heft 17 von Johann Willsbergers »Gourmet«, jener vierteljährlich erscheinenden Zeitschrift, die mit festen Einbanddeckeln im Großformat gewichtiger daherkommt als manches Buch. Der nachschmeckenden Zunge wird Erstaunliches geboten, dem Auge noch einiges mehr. In diesem Fall läßt Willsberger das Eis zwischen gelbem und orangenem Islandmohn anschmelzen. Und zwei Jahre zuvor, im Sommer 1978, ließ er den Klatschmohn feuerrot aus dem dunklen Mohnkuchen wachsen, den Monika Witzigmann gebacken hatte. Kein Gartenbuch hat den Mohn je so schön präsentiert wie diese Münchner Gaumenlustbücher, die uns schon so viele Jahre berauschen. Von den bösen Lüsten und Räuschen, an denen der Mohn beteiligt ist, muß hier nicht die Rede sein. Der Hinweis auf Thomas de Quinceys »Bekenntnisse eines Opiumessers« mag genügen. Wiewohl vor hundertsechzig Jahren in England geschrieben, ersparen sie das Studium neuerer Rauschgift-Reports und wekken Verständnis für eine deutsche Polizeiaktion, als einem gebürtigen Schlesier das Beet mit blühendem Mohn von Staats wegen niedergemäht wurde. Es sei ihm nur um den harmlosen Samen zu tun gewesen, beteuerte der Geschädigte. Die Gesetzeshüter glaubten aber, einschreiten zu müssen, weil die unreifen Samenkapseln, angeritzt und gemolken, den milchigen Rohstoff für Rauschgift liefern können. In der Bundesrepublik ist der Anbau von Mohn verboten.

Gemeint ist allerdings nur jener Mohn, dessen blaugraue Samenkörner auch für Gartners Eis und für Frau Witzigmanns Kuchen gebraucht wird. Jener Mohn, dessen Alkaloide so schmerzlindernd und so suchtgefährlich sind, Papaver somniferum, Schlafmohn, Blüte weiß bis violett. Nicht betroffen sind alle die anderen Arten, die gemeinhin in Gärten und Feldern zu finden sind: der Islandmohn, Papaver naudicale, der schon im Mai blüht, weiß, gelb, orange bis scharlachrot. Oder der Türkenmohn, Papaver orientale, der drei, vier Wochen später kommt, tiefrot die imposanten Blütenblätter, neuerdings auch in allerlei hellen Varianten. Oder der Alpenmohn, Papaver rhaeticum, der sommerlang den Steingarten belebt. Oder der Klatschmohn, Papaver rhoeas, ein Unkraut, das von den überdüngten Äckern fast verschwunden ist, jedoch großblumig als Shirley-Mohn kultiviert wird. (Wie kam der Klatschmohn zu seinem Namen? Früher, als die blaue Kornrade und der rote Mohn noch auf den Ackerrainen wuchsen, haben wir ein großes Blütenblatt so gefaßt, daß ein luftgefüllter Beutel entstand, der auf dem anderen Handrücken kräftig aufgeschlagen wurde. Damals war der Mohn ein Kinderspiel.) Oder der Saatmohn, Papaver dubium. Der Sandmohn. Der Kaukasusmohn. Es gibt noch hundert Arten und aberhundert Sorten. Die gängigen für den Garten werden in dem unentbehrlichen Ratgeber von Richard Hansen und Friedrich Stahl vorgestellt: »Die Stauden und ihre Lebensbereiche in Gärten und Grünanlagen« (Verlag Eugen Ulmer, Stuttgart). Bis sie allerdings gesät oder als Jungpflanzen gekauft werden können, bedarf es einiger Nachfrage bei Samenhändlern und Staudengärtnern. Im Samenständer des nächstbesten Garten-Centers findet sich manchmal nicht eine einzige Sorte. Der Mohn ist nicht in Mode. Haben wir ihn aber erst einmal, kommen wir kaum mehr von ihm los: Er sät sich selber hundertfach aus. Wie viele Samen rieseln denn aus einer Kapsel? Unzählbar viele. »Der Mohn war der Ceres und der Juno, als Beschützerinnen der ehelichen Fruchtbarkeit, zugeeignet«, schrieb Friedrich Ludwig von Sckell, königlich bairischer Hofgarten-Intendant, in der zweiten verbesserten Ausgabe seiner »Beiträge zur bildenden Gartenkunst«, die 1825 postum erschien. Die Werner'sche Verlagsgesellschaft in Worms brachte vor einigen Jahren wieder ein Faksimile heraus. Über den Mohn ist da zwar nichts weiter zu erfahren, aber der Nachdruck dieser Inkunabel ist ein Andachtsbuch auch für Gartenanfänger.

Den Mohn muß man gar nicht in Büchern studieren. Am besten besucht man eine Staudengärtnerei wie Kayser und Seibert im hessischen Roßdorf oder die der Gräfin Zeppelin in Sulzburg im Markgräfler Land (der »Iris-Gräfin«, die sich auch dem Mohn verschrieben hat); man nimmt einiges mit und probiert aus, was in den Garten paßt, und wartet ab, was sich wohl fühlt auf dem heimischen Lehm. Aufgegangene Sämlinge müssen im nächsten Frühjahr rasch verpflanzt werden, wo sie zu dicht stehen, sonst gelingt es nicht mehr. Denn der Mohn treibt Pfahlwurzeln. Das heißt: Er mag lockere Böden; warm und nahrhaft dürfen sie sein.

Der Klatschmohn und der Schlafmohn sind einjährige Kräuter. Doch Türkenmohn, Islandmohn und Alpenmohn sind ausdauernde Stauden. Im Garten werden sie allerdings kaum älter als drei Jahre. Daß der Türkenmohn seine glutroten Kelche wie von zerknitterter Seide auch im zehnten Jahr aus dem Cotoneaster-Dickicht gegen die Sonne hebt, gehört zu den Überraschungen, die sich der dilettierende Gärtner gern gefallen läßt. Bevor er in die Küche geht, die Seinen mit dem geeisten Honigmohn zu überraschen.

Stachelbeeren haben Dornen

An den Stachelbeerhecken, die Joseph längs des Lattenzauns gezogen hatte, reiften die ersten Früchte.« Der beiläufige Satz aus den Dorf- und Schloßgeschichten der Marie von Ebner-Eschenbach rührt schon an den Kern unserer Stachelbeergefühle, wirft jedoch zuerst ein Streiflicht in die Frühgeschichte der Stachelbeerkultur, als die Stacheln fast so willkommen waren wie die Beeren. Rosen tragen Stacheln, die Zweige des Stachelbeerstrauchs sind mit richtigen Dornen bewaffnet, manche mit einzelnen, andere mit doppelten Spießen. Einige Sorten, vielleicht die begehrtesten, sind dreifach bewehrt, Hönings Früheste zum Beispiel, deren behaarte goldgelbe Früchte in solchen Zeilen gemeint sein könnten: »Bei den Stachelbeeren fällt mir ein,/ die schmecken gar zu süß.« Schiller hat diese frühreife Süßigkeit, diese süßeste der Süßen aber noch gar nicht gekannt. Sie wurde erst zu Kaiser Wilhelms Zeiten von dem rheinischen Züchter Julius Höning in die Welt gesetzt, als die Stachelbeerhecke kaum noch als Schutzwehr gegen Hasen und andere ungebetene Gäste gepflanzt wurde, sondern schließlich nur noch zur Schlemmerei.

Unter den Händen der Gärtner sind die Beeren aromatischer geworden, purpurrot, dunkelgrün, gelb und fast weiß, auch größer, doch die Dornen haben weder Höning noch sein schwäbischer Kollege Mauk wegzuzüchten vermocht. Was wäre das auch, eine Stachelbeere ohne Stachel, die ja, schlimmer noch, Dornen sind? »Ein Kuß und ein Stachelbeerlein wölln mit Fürsicht geraubet sein.« So ein Satz bleibt hoffentlich noch lange wahr. Die schöne Formulierung wird einem Gozbert dem Greiner zugeschrieben, frühes sechzehntes Jahrhundert. Sie klingt aber so lebensnah, als sei sie samt dem Sänger Gozbert vor kurzem in der lyrischen Versuchsküche einer Hamburger Stachelbeeresserin entstanden. Außerdem ist das Stachelbeerlein unter diesem Namen erst seit etwas mehr als dreihundert Jahren bezeugt. Als Grosselbeere, Kreuzbeere, Klosterbeere, Grunzel oder Welsche Erbse mag sie schon dem und jenem Gozbert bekannt gewesen sein. Doch die erste Stachelbeere trat 1668 ans Licht, und erst 1711 war sie reif fürs Wörterbuch.

Reif oder nicht reif, das ist die Frage. Ein Frauenzimmer-Lexikon klagt schon 1715 über die Unsitte der Grünpflücke, die dazu führt, daß Köche »unzeitige Beeren« gedämpft zum Huhn servieren oder »in gewisse Torten schlagen«. Grüne Beeren auf dem Kuchen? Stachelbeermus zur Hühnerbrust? Darüber klagen die Frauenzeitschriften heute nicht, sie befördern dergleichen. (Manchen Stachelbeerrezepten kann man allerdings nicht ansehen, wie wunderlich wunderbar sie am Ende schmecken, obwohl oder weil sie ihren Ursprung oft in England haben, dem Schlaraffenland der gooseberry fans, wo die durstige und hitzeempfindliche Waldpflanze das ideale Gartenklima findet.) Die Grünpflücke, die immer noch fürs Kochen und Einkochen empfohlen wird, entlastet zwar den Strauch, leistet aber der Küche einen schlechten Dienst. Die Stachelbeere muß Säure und Zucker und Aroma entwickelt haben. Dann macht ein Stachelbeerkuchen auf Mürbteig, mit Bisquitbröseln überbacken, der besten Rhabarbertorte Konkurrenz.

Keine Frage, die Stachelbeere muß reif sein. Und unberührt. »Lucretia wurde von der Magisterin zu den Stachelbeersträuchern in den kleinen Hausgarten geführt«, berichtet Conrad Ferdinand Meyer im »Jürg Jenatsch«, damit sie sich ihren Nachtisch selber hole. Die Beere frisch vom Strauch, ein paar Kratzer dazu, das ist die Stachelbeerlust. Nicht die einzige. Jean Paul läßt den jungen Helf im »Leben Fibels« vom Hof in Dresden einen Sack voll Krapfen, Prinzesse-Pasteten, Galanterie-Küchlein und Marzipan nach Hause tragen: »Allem setzte er die Spitze durch ein Arzneigläschen auf, das er sich für seine liebe Seele im Walde, für Drotta, mit dem feinsten Stachelbeeren-Eise stopfen ließ und das er sauber in türkisches Papier wickelte.« Daß das Eis trotzdem zu Wasser erwärmt bei der Bedachten ankam, soll niemanden davon abhalten, sein Glück im entsprechenden Fall mit so etwas Unerhörtem wie Stachelbeereis zu versuchen.

So er denn Stachelbeeren im Garten hat. Auf dem Markt findet man sie selten. Das Stachelbeerpflücken ist, wie das Küssen, eine Sache, die sich professionell verfeinern, aber kaum kommerziell betreiben läßt. Dem Liebhaber leistet die Stachelbeere weniger Widerstand, wenn er sie als Hochstamm über das Beet setzt. Wie romantisch? Wie praktisch! In den Gartenzeitungen gibt es zwar alle zwei Jahre den Artikel, der vom Hochstamm abrät, weil die dafür nötige Veredlung auf Goldjohannisbeere nur sechs oder zehn Jahre hält und dann an Wassersucht stirbt, falls nicht schon vorher ein Sturm die früchteschwere Krone auseinandergebrochen hat, die nicht ordentlich an den Pfahl gebunden war. Das Stachelbeerbäumchen genießt dennoch den Vorzug. Warum? Weil sich ein alter Mann nicht gern bückt. Der Hochstamm sieht hübsch aus, besser als niederes Gesträuch. Unter den Bäumchen wachsen im Parterre, so es von den Monatserdbeeren noch nicht ganz überwuchert ist, die Radieschen und der Pflücksalat. Vita Sackville-West schlug in einer ihrer Gartenkolumnen vor, Stachelbeerbäumchen in Töpfen als Allee an einen Plattenweg zu stel-

len. Gewiß ein sehr englischer Anblick, aber ein heiterer und ein einladender dazu.

An den Stachelbeerbäumchen reifen die ersten Früchte, natürlich Hönings Früheste, die gar zu süße, die nie zu süße. Dann Mauks Frühe Rote und der englische Maiherzog, die Weiße Neckartal und die Grüne Kugel. Wenn die Beeren kommen, ist der Sommer da. Mit diesen mundwässernden, krachenden, samtenen Früchten begannen einst die großen Ferien. Erwartungen wie vor Weihnachten. Jetzt wird halt der Schreibtisch geräumt, das Büro geschlossen. Denn im Garten blüht das süße Fleisch der Stachelbeere.

Endlich blüht sie doch, die Catalpa

Die schönste Zeit im Jahr ist mein. Das ist der Frühsommer. Die erste Junihälfte. Erdbeerzeit. Immer noch Spargelzeit. Zeit für die Eismaschine. Die Amseln flöten. Die Drossel zeigt es ihnen. Manchmal auch die Nachtigall, als Gast. Die Abendsonne wirft Streifen warmen Lichts über die ziehenden Wellen des Rasens. Später, nach zehn, wenn Grund und Hintergrund schon dunkeln, glüht der blühende Hartriegel im letzten Dämmer.

Im Juni ist das Nachhausekommen besonders schön. Das Auto wird nicht in eine Garage gefahren, sondern unter die ausladenden Äste des Trompetenbaums, unter die weißen Blütenstände, unter die behaarten Elefantenohrenblätter. Der Trompetenbaum gehört uns nicht, obwohl wir immer geglaubt haben, wenn wir mal einen Garten hätten, würden wir natürlich auch eine Catalpa haben. Und warum nun nicht?

Der Trompetenbaum ist nichts für kleine Leute. Er ist ein mächtiger Baum. Er braucht den freien Raum. Er braucht Licht. Er braucht die große Bühne. Er will nicht am Rand stehen, zwischen den Chorknaben, er muß als Solist die Gartenszene beherrschen. Wird die Catalpa von anderen Bäumen bedrängt, wächst sie einseitig oder gar schief. In unserem Kleingärtnerpark hatten wir nach dem Einsetzen von Kirsche und Mirabelle nur noch zwei Solitärplätze zu vergeben. Am Bach hinter dem Bambus soll aber die Japanische Schwarzkiefer ihr bizarres Astwerk entwickeln. Und näher zum Haus, mitten im Rasen, gaben wir einem Zwillingspaar aus China den Vorzug, zwei schlanken, lichten Nadelbäumen, die keine sind, die ihr Laub schon Ende April entwickeln und bis in den November behalten. Davon demnächst, im Herbst, wenn das Chinesische Rotholz, die Metasequoia glyptostroboides, auch das zarte Gezweig rostrot färbt.

Jetzt hat die schöne Catalpa ihren Auftritt. Sie zieht die Blicke auf sich. Wenn sie mal da ist. Sie gleicht einer kapriziösen Frau: Sie läßt auf sich warten. Sie schläft lange. Im Mai, wenn endlich alles grün ist ringsum, wenn alles geblüht hat, steht sie noch grau und kahl. Im Sommer jedoch beherrscht sie das Feld. Wo sie ihren Schatten wirft, wächst kein Gras mehr. Deswegen haben wir die Catalpa bei aller Bewunderung für ihre Attraktivität nicht zum Mittelpunkt des Gartens machen wollen. Deswegen sind wir dem Nachbarn so dankbar, daß er vor zwanzig Jahren einen Trompetenbaum an den Zaun gepflanzt hat.

Nur dankbar sind wir freilich nicht. Im Mai fluchen wir und im Oktober wieder. Denn im späten Frühjahr, wenn alle anderen Zweige sich belauben, nutzen die Amseln die nackten Äste der Catalpa als Donnerbalken. Das bedeutet: allmorgendliche Autowäsche. Im Herbst sind es nicht so sehr die großen, herzförmigen Blätter, die lästig werden, die nach der ersten kalten Nacht auch wieder vor allen anderen fallen, sondern die bohnenartigen Fruchtschoten. Die bleistiftstarken und fast dreißig Zentimeter langen Samenhülsen hängen wie Buschbohnen in lockeren Büscheln fast ein Jahr lang im Baum. Und daher der Name. Catalpa heißt die Indianerbohne bei den Cherokesen. Die Catalpa ist also Amerikanerin. Aus den Südstaaten gebürtig. Aus den Baumwollgebieten Alabamas und Georgias. Auf den besten Baumwollböden fühlt sie sich am wohlsten. Dort wird sie leicht zwanzig Meter hoch, in unseren europäischen Verhältnissen bleibt sie meist auf halber Höhe stehen.

Die Rede war bis hierher vom Gemeinen Trompetenbaum, von der Catalpa bignonioides. Sie hat eine größere Schwester, die Mississippi-Catalpa, Catalpa speciosa, die Pracht-Catalpa. Die wird sechsunddreißig Meter hoch in den Tälern des Mittelwestens. Und sie hat eine, natürlich zierlichere, chinesische Verwandte: Catalpa ovata. Zu deutsch Gelber Trompetenbaum, weil die Blüten, die erst im Hochsommer erscheinen, einen deutlichen Stich ins Gelbe haben. »Das Kosmosbuch der Bäume« von Roger Phillips (Franckh'sche Verlagshandlung, Stuttgart) zeigt und erklärt alle Besonderheiten in der Trompetenbaum-Familie, den chinesisch-amerikanischen Bastard Purpurea eingeschlossen.

Wer Platz hat für mehrere Bäume, wer sich einen Harem leisten kann, soll auf die Catalpa nicht verzichten. Sie ist eine üppige Schöne. Sie wird in Mitteleuropa zwar nur sieben bis zwölf Meter hoch, jedoch fast ebenso breit. Und sie ist eine wackere Person: unempfindlich gegen die schmutzige Stadtluft, unempfindlich gegen jeglichen Schädling, unempfindlich gegen Kalk, gegen Nässe, gegen Trockenheit. Freilich steht sie in nahrhafter Erde gesünder da, sie kommt aber mit jedem Boden zurecht, wenn er nicht gar zu arm, gar zu naß oder gar zu trocken ist. Nur dort, wo früher Windmühlen standen, fühlt sie sich nicht wohl. Wind schadet der Frisur. Steten Wind vertragen die großen Blätter nicht. Aber sonst ist der Trompetenbaum so problemlos, daß ihn mancher Gartenarchitekt gar nicht ins Kalkül zieht: Eine Catalpa kann ja jeder haben. Nein, dem ist nicht so. Die Catalpa ist kein Allerweltsbaum.

Sie bleibt die schöne Fremde, die viele gar nicht kennen. Wenn sie blüht, sieht es von ferne aus, als habe eine Kastanie ihre Zeit verpaßt. Aus der Nähe ist sie der Paulownia nicht unähnlich. Aber die blüht früher, bevor das Laub da ist, und heißt zu Recht Blauglockenbaum. Beide, die breithüftige Catalpa und die blaublütige Paulownia, verbindet eine gewisse Scheu vor harten Wintern. Sehr preußisch sind sie nicht. Die eine mag den Mai, die andere die langen Juniabende. Wie wir.

Die besten Erdbeeren wachsen im Wald

Wenn Shakespeare schon in der vierten Szene des Dramas um »Richard III.« das Publikum quält, indem er den Leuten in der trockenen Theaterluft den Mund wässert (Gloucester zum Bischof: »Mylord von Ely, jüngst war ich in Holborn / Und sah in eurem Garten schöne Erdbeeren: / Laßt etliche mir holen, bitt' ich euch!«), so ist da die gleiche unvergleichliche Kostbarkeit gemeint, die auch im altdeutschen Märchen mitten im Winter unter dem Schnee hervorgekehrt wird: Fragaria vesca, die winzige, würzige Walderdbeere. Diese kleinen Dinger sind heute noch das Größte, das Beste – trotz allem, was die Züchter entwickelt und herausgemästet haben, seit im Jahr 1776 oder etwas später die chilenische mit einer nordamerikanischen Art zur luxuriösen großen Gartenerdbeere, Fragaria ananassa, gekreuzt worden war.

Der böse Gloucester aß die wilden, süßen Waldbeeren aus dem Garten des Bischofs wahrscheinlich pur. Wenn wir bei einer Gasterei Erdbeeren auftischen, selten aus dem Wald, oft auch nicht aus dem eigenen Garten, haben wir uns zuvor mit der Frage gequält: Wie sollen sie diesmal angerichtet sein?

Am Tisch gibt es nur eine Gewißheit: Die Erdbeeren kommen nach dem Spargel. Eine Geschichte zum Spargel zuvor. Der Abbé Du Bos hat den Schriftsteller Fontenelle zu Gast. Die Herren können sich nicht einig werden, wie die Spargelmahlzeit zubereitet werden soll. Du Bos will die Stangen in heißer Butter servieren lassen, Fontenelle möchte sie in Essig und Öl. Schließlich ergeht Order an die Küche, den Spargel zur Hälfte in Butter und zur Hälfte mit Essig auf die Teller zu bringen. Doch Herrn Fontenelle, vom Streit mit dem unbelehrbaren Gastgeber erschöpft, rührt der Schlag. Der Abbé, bevor er sich seiner Christenpflicht erinnert, läuft schnell hinab in die Küche und ruft: »Macht nun alle in Butter an!« So berichtet Carl Julius Weber, der fränkische Feuilletonist und Spötter, nach einer Frankreichreise. Derlei Unfälle sollten unter Erdbeeressern schon deshalb nicht passieren, weil es zu viele Rezepte gibt, die uns zur Devise Zuflucht nehmen lassen: Abwechslung erhöht die Lust.

Es gibt schreckliche Erdbeerrezepte mit vielen Eiern, mit Zucker und Gelatine. Es gibt himmlische Erdbeerrezepte, auch mit Eigelb, Zucker, Gelatine. Erdbeercharlotten und Erdbeerbagatellen. Erdbeerparfait und Erdbeersorbet. Es gibt das Rhabarber-Kompott, an das verfälschend Erdbeeren verschwendet werden, es gibt aber auch Witzigmanns Erdbeeren auf Rhabarberschaum oder Johann Lafers Erdbeeren in Orangenbuttersauce mit Ingwersabayon. Wer als Abonnent der Vierteljahreszeitschrift »Gourmet« die eigene Küche und den Gaumen solcherart erprobt hat, ist für einen ernsthaften Streit nicht mehr zu haben, ob etwa Erdbeeren mit halbsteifer Sahne den Erdbeeren mit Erdbeersauce vorzuziehen seien.

Zuvor bücken wir uns ins Erdbeerbeet über die schwarze Folie oder die weiße Holzwolle. Oder unter die Himbeerhecke, wo Monatserdbeeren den Mulch ersetzen und für Schattengare sorgen. Monatserdbeeren? Das sind Walderdbeeren für den Garten, auf Dauerernte getrimmt; sie blühen und reifen vom Mai bis zum ersten Frost. »Rügen«

heißt die gängige Sorte, »Falstaff« ist dicker, die französische »Reine des Vallées« besonders aromatisch. Auch der »Baron von Solemacher« gehört in diese kleine, feine Familie der Waldbeerenabkömmlinge. »Mieze Schindler« hingegen, »Madame Moutot« und »Macherauchs Marieva« sind mehr oder minder betagte, aber anbetungswürdige Delikatessen von der dicken Ananas-Art. Aller Mühen wert sind aber auch die junge »Elvira« und der »Direktor Paul Wallbaum«, zum Beispiel. Woher die Kenntnis? Aus »Kreuzers Gartenpflanzen-Lexikon«, Band 3. Da sind neununddreißig Erdbeersorten beschrieben: Herkunft, Wuchs, Frucht, Reife, Wert, Krankheiten; die meisten werden auch im Bild vorgestellt und manche schonungslos verurteilt, zum Beispiel »Red Gauntlet«: säuerlich mit wenig Aroma. Oder »Senga Sengana«: beim Geschmackstest von acht Sorten auf Platz sieben. »Die Erdbeere«, schreibt Kreuzer in seinen Vorbemerkungen, »stellt hohe Ansprüche«, nämlich an Boden, Klima und Pflege. An die Pflege vor allem. Wer sich nicht schrecken lassen will, findet die nötige Wissenschaft in Hermann Links und Winfried Titzes »Der Nutzgarten« (Verlag Eugen Ulmer) oder in dem Taschenbuch von Paul Gerhard Wilhelm »Obst im Garten« (auch bei Ulmer). Daß man das Erdbeerbeet dann nach zwei, drei, spätestens vier Jahren wieder räumen und anstelle der erschöpften Pflanzen neue setzen muß, ist lästig und doch von Vorteil: Man kann eine andere Liebhabersorte probieren. Die eigene Erfahrung, aus dem Gemüsebeet gewonnen oder aus dem Topf auf dem Balkon, schärft das Urteil gegenüber dem zu neun Zehnteln nichtswürdigen Angebot im Supermarkt und in der Markthalle, leider auch bei Tante Emma, die vom selben Großhandel beliefert wird. Die Erdbeeren werden, obgleich die transportfesten Züchtungen die Oberhand gewinnen, immer unreifer verkauft. Wer zum Selberpflücken in die Erdbeerplantagen ausrückt, kann sich bei den auch dort bevorzugten festfleischigen und meist geschmacklosen Beeren immerhin auf reife Früchte beschränken.

Denn zumindest rundum rot und reif sollen die Beeren sein für unsern ganz einfachen Nachtisch: Ein Pfund Erdbeeren, die größeren Früchte halbiert, mit zwei Eßlöffeln Zucker bestreuen, ziehen lassen. Nochmal ein halbes Pfund Beeren zerdrücken, mit vier Eßlöffeln Sahne, einem halben Eßlöffel Zucker, zwei Eßlöffeln Kirschwasser und einem Schuß Vanille-Extrakt mischen. Diese Sauce über die Erdbeeren gießen. Kühl servieren. Das ist der Sommeranfang. Jetzt braucht nur noch die Drossel zu singen – oder Mörike seine »Versuchung« mit Walderdbeeren: »Wenn sie in silberner Schale mit Wein uns würzet die Erdbeeren, / Dicht mit Zucker noch erst streuet die Kinder des Walds: / O wie schmacht ich hinauf zu den duftigen Lippen, wie dürstet / Nach des gebogenen Arms schimmernder Weiße mein Mund!«

Wie die Kapuzinerkresse schmeckt

Der Franzose Grandville ist in Deutschland eher als der Lehrmeister Daumiers bekannt, als politischer Karikaturist und bissiger Gesellschaftskritiker. Im letzten seiner illustrativen Werke, in den »Fleurs animées«, hat er zwei Blüten der Kapuzinerkresse als gottergebene Novizinnen gezeichnet. Der Menschenkenner und Blumenfreund Eugen Skasa-Weiß beschrieb sie so: »Sie knien mit hochgeschlagenen Orangekapuzen am Feldweg nieder und lassen den Rosenkranz ihrer gerillten Samenkörner durch die Finger gleiten. Ihre mädchenhaften Gesichter haben die Lieblichkeit durchgebrannter Pariserinnen. Die eine, die etwas finsterer und hübscher ist, könnte das Traumbild der portugiesischen Nonne Marianne Alcovorado sein, deren verzweifelte Liebesbriefe an den Marquis de Chamilly Rilke übersetzt hat ... Es ist wirklich nicht unwahrscheinlich, daß die Klosterfenster von Beja, durch die Marianne den französischen Obristen zum erstenmal erblickte, von scharlachgeränderten Goldkapuzen umrankt waren.«

Denn jene Briefe der Liebe wurden in den sechziger Jahren des siebzehnten Jahrhunderts geschrieben, und die erste Kapuzinerkresse war schon neunzig Jahre zuvor mit dem Inka-Gold aus Südamerika nach Europa gebracht worden. Es war die Kleine Kapuzinerkresse, Tropaeolum minus, und ihre peruanische Wildform verhielt sich zur Großen Kapuzinerkresse, zum hochgezüchteten Tropaeolum majus unserer Tage, wie eine spanische Fregatte zum Supertanker: Die Blüten waren nicht größer als der Fingerhut, den die verliebte Nonne beim Paramentensticken benutzte. Aber die kleinen Wilden hatten doch die gleiche ungewöhnliche Blütengestalt mit fünf leuchtenden Kronblättern, von denen die drei unteren den Tagfaltern, Bienen und Hummeln als Anflugplatte dienen vor der weit offenen Einfahrt in den hinten hinaus spitz zulaufenden Honigsporn.

Als die Blume nach Deutschland kam, war hier gerade ein Bettelorden populär geworden, Sandalen an den bloßen Füßen, volksnah im Auftreten, volksnah in der Predigt. Diese Kapuziner waren von weitem an ihren spitz zulaufenden Kapuzen zu erkennen, die an der weiten Kutte angenäht waren. Kapuze, Kapuziner, Kapuzinerkresse. Der botanische Name Tropaeolum hingegen bezieht sich nicht allein auf die Form der Blüte.

Dem Schweden Linné war das Kapuzinische fremd, ihm schien die Blüte wie ein Helm. Auf den Namen kam der klassisch gebildete Mann, weil die Gärtner seiner Zeit die Große Kapuzinerkresse an Stangen zogen, die dann aussahen wie farbige Säulen, wie das Tropaeum, das die römischen Legionäre als Siegeszeichen auf dem Schlachtfeld mit den Waffen der Feinde schmückten; die Blätter sind die Schilde, die Blüten blutbefleckte goldene Helme. Darum Tropaeolum.

In den heimatlichen Andentälern finden sich die heute bekannten achtzig Arten der Kapuzinerkresse oft in feuchten Schluchten oder am Ufer der Gebirgsbäche. Ihre europäischen Nachfahren bevorzugen volle Sonne und eher trockene, sandige Böden, die arm an Nährstoffen sein sollen; die Gartenbücher warnen: zu viel Dünger läßt die Blätter auf Kosten der Blüten wuchern. Wäre es ein großes Unglück? Diese Blätter sind ja nicht nur schön, sie sind eine Rarität. Zuerst entfalten sie sich feigenblattartig, später entwickeln sie sich zu jenem fast runden, schwach vieleckigen Schild, das Linné an die Römer denken ließ. Ein Blatt, wie es selten ist in der Pflanzenwelt.

Die Kapuzinerkresse, obgleich erst vierhundert Jahre im Land, ist ein altmodisches Gewächs. Im Konversationslexikon von 1894 wird sie als einjährige Kletterpflanze beschrieben, die »in allen Gärten zu finden« sei. Heute kann man einen langen Spaziergang machen, an vielen Gartenzäunen entlang, und wird vergebens Ausschau halten. Allerdings entdecken gerade die Köche die köstliche Pflanze wieder. Denn sie ist eßbar und obendrein heilkräftig. Früher wurden die Blütenknospen in Essig gelegt, als Kapernersatz. Die jungen Blätter, die Blüten und Triebspitzen ergeben einen saftigscharfen Salat, der seine eigene Würze hat, vom Sinapin, das beim Kauen als ätherisches Senföl frei wird. Die Kapuzinerkresse ist ein Augenschmaus und eine Leckerei.

Warum hieße sie sonst auch Kresse? Das Wort bedeutet in vielen europäischen Sprachen vom altgriechischen grastis über das englische cress, französische cresson, italienische crestione bis zum schwedischen und dänischen krasse und karse, daß dieser Kreuzblütler als Grünfutter angesehen wurde, nicht bloß für die Raupen des Kohlweißlings, die sich vom Senföl nicht abschrecken, sondern offenbar anlocken lassen und sehr lästig werden können. Kresse: das meint allemal etwas Nahrhaftes, das sich auch der Mensch ohne Bedenken munden lassen darf.

Die Volksmedizin in Peru benutzt die frischen Blätter als Pflaster auf Wunden. Die Arzneimittelhersteller in Europa gebrauchen die

blühende Pflanze wegen ihrer antibiotischen Substanzen zur Herstellung galenischer Präparate. Und manche Gärtner schätzen die Kapuzinerkresse als Schädlingsbekämpferin. Ein englischer Botaniker gibt den Ratschlag, die Pflanze in Gewächshäusern und unter Obstbäumen wachsen zu lassen, es lohne die Mühe, denn ihr Ölgeruch vertreibe die Blattläuse. Was wird der Kapuzinerkresse noch nachgesagt? Rousseau schrieb der Freundin Delessert: »Wie ich vernehme, hat Frau von Linné; kürzlich während der Morgendämmerung beobachtet, daß die Farbe der Kronblätter zu fluoreszieren beginnt. Eines scheint mir an der Nachricht glaubhaft: daß die Damen des Nordens früher aufstehen als die Pariserinnen.«

Die Lust am Springkraut

Manche Unkräuter sind nichts als eine Strafe des Himmels. Winden und Quecken und Disteln vor allem. Die Brennessel ist noch unangenehmer, doch wird sie in verborgenen Winkeln geduldet, weil sie vielen Schmetterlingen lebensnotwendig ist. Daß der Gärtner den Schmetterling liebt, dieses gauklerische Geschöpf, das gerade noch eine gefräßige Raupe war und bald neue Raupen zeugen wird, gehört zu den Ungereimtheiten der menschlichen Natur und zur Natur der Liebe. Wir wollen geblendet sein. Der nicht minder schönen Hummel, die keinen Schaden anrichtet, wendet er allenfalls eine distanzierte Aufmerksamkeit zu. Die Hummel hat samtene Hosen an, aber sie brummt so gefährlich. Wer wagt es, sie in der hohlen Hand rumoren zu lassen! Sticht sie denn nicht? Sie sucht nur ärgerlich nach einem Ausgang. Die Hummel ist fleißig. Die Fleißigen wahrzunehmen, fällt schwer. Die Hummel surrt so hurtig von einer Blüte zur nächsten, schlüpft so schnell hinein und kommt im Rückwärtsgang ebenso rasch wieder heraus, daß sich nur mit Mühe erkennen läßt, wer da im Oktober noch den herbstlichen Urwald, das immer noch grünfleischige, blühende Dickicht hinter dem Kompost am Südwall befliegt.

Der besonders dicke Brummer, das ist Bombus terrestris, eine späte Erdhummel, schwarzgelb mit hellem Hinterteil. Die kleineren dunkelbraunen Pollensammler aber heißen Megabombus pascuorum floralis, zu deutsch Ackerhummel. Vielleicht ist noch die eine oder andere Feldhummel dazwischen, wer sähe das so genau im flirrenden Altweibersommerlicht.

Eigentlich gilt unser Interesse, wie das der Hummeln, den Blütenkelchen des Springkrauts, diesen waagerecht aufgehängten Glocken, diesen purpurnen Füllhörnern mit den empfangsbereiten weißen oder zartrosa Flügeltoren, die so ausladend einladen und doch keinem Schmetterling offenstehen. Nein, eigentlich haben wir es auf die Samenschoten des übermannshohen Krauts abgesehen, die ihm den Namen gaben. Während es nämlich in allen Etagen noch blüht, ist an manchen Rispen der Samen schon gereift, die Vermehrungsmechanik schon zum Verschleudern bereit. Eigentlich sind es ja nur die Mädchen, die ein ungeniertes Gefallen an den grünen Würstchen haben, die sie mit zärtlichen Fingern zur Explosion bringen. Ernst Jünger notiert in seinem Kriegstagebuch »Strahlungen« übers heimische, das Echte Springkraut: »Impatiens Noli tangere, das Springkraut, die Balsamine oder Rühr-mich-nicht-an. Wenn ich mit Frauen in Wäldern spazierte, habe ich stets gefunden, daß sie für die taktilen Reize dieser Pflanze empfänglich sind. ›Oh, ça a bande.‹ In diesen Samenschleudern steckt Turgor und hoher, schußbereiter, elastischer Lebensdruck. Ich sah tropische Arten in den Gewächshäusern, beinah grandeur naturelle. Sie möchte ich in meinem idealen Garten auf jene Rabatten pflanzen, die die heiteren Standbilder des Priap umhegen – sie und noch manch andere scherzhafte Kräutlein dazu.«

Das altdeutsche Waldkraut Rührmichnichtan blüht im Sommer und frühen Herbst mit kräftig gelben Zipfelblüten. Ihm ähnelt das Kleinblütige Springkraut, auch nur halbmeterhoch, auch mit gelben, aber unauffälligen Blütchen: Impatiens parviflora. Impatiens heißt ungeduldig. Der botanische Familienname deutet wiederum auf die bei leiser Berührung mit beinahe schmerzhafter Gewalt hervorschnellenden Samen. Das kleinblütige Ungeduldsgewächs gelangte zu Beginn des vergangenen Jahrhunderts aus Ostsibirien und der Mongolei auf dem Umweg über die botanischen Gärten in unsere Wälder und Felder. Die Wirtschafts-Gärtner ärgert es heute als ein »lästiges und schwer zu bekämpfendes Unkraut«.

Die tropische Art, die Jünger damals in Gewächshäusern gesehen hat, fanden wir vierzig Jahre später ausgewildert in den Tälern der Vogesen. Nun haben wir es als willkommenes Unkraut, als blühenden Paravant rund um den Kompostplatz stehen: Impatiens glandulifera, das Drüsige Springkraut. Es kam erst nach dem Ersten Weltkrieg aus dem Himalaja als exotische Zierpflanze in europäische Gärten und hat sich dank seiner springenden Samenkörner sofort auf Wanderschaft begeben. Das indische Springkraut marschiert vor allem in halbschattigen Straßengräben voran. Denn dieses Mammutkraut mit dem am Fuß fünf Zentimeter dicken Schaft ist durstig. Nur dort, wo es feuchten Grund findet oder während trockener Wochen gewässert wird, schießt es auf zwei bis drei Meter Höhe empor. Und treibt auch im späten Herbst unermüdlich über viele Verästelungen immer neue Blüten, bis der erste Frost der Pracht ein Ende macht. Glasig fällt der gerade noch kraftstrotzende Springkrautwald in sich zusammen.

Findet jedoch nur eine solche indische Balsamine – alle Springkräuter sind Balsaminengewächse – den Weg in den Garten, braucht sie im nächsten Jahr nicht gesät zu werden. Das hat sie dann schon selbst besorgt, obwohl wir geglaubt hatten, allen Samen mit Hilfe großer Beutel beizeiten abgefangen zu haben. Weit im Umkreis sprießen

im Frühjahr die zweikeimblättrigen Pflänzchen eins neben dem andern aus dem Boden, auch aus dem Rasen. Dort köpft sie der Rasenmäher und erledigt das Problem. Aber auf offenem Boden müssen sie, auch wenn sie willkommen sind, in stundenlanger Mühe ausgezupft werden: Von einigen hundert Schößlingen dürfen allenfalls zehn je Quadratmeter stehenbleiben.

Wir unterziehen uns der Mühe gern. Wir möchten das indische Springkraut nicht mehr missen. Nicht nur, weil es die neugierigen Finger der Mädchen lockt oder weil es in schon nebligen Zeiten noch einmal ein purpurnes Licht über den verlöschenden Garten wirft und zugleich eine grüne Wand bildet am Zaun. Das Springkraut ist auch ein Duftkraut. Mittags, wenn es warm und windstill ist, hüllt sich der Springkrautwald in eine sanfte, süße Wolke. Und nährt er keinen Schmetterling, so doch die letzten Bienen und Wespen und ein Heer hungriger Oktoberhummeln. Ein schöneres Unkraut gibt es nicht.

Die Liebe zum Basilikum

Seitdem wir das Basilikum kennen und lieben, seit es uns unentbehrlich wurde, seit ein Tag ohne Basilikum ein grauer, ein freudloser Tag ist, fragen wir uns, denn so lang ist es noch nicht her, daß wir sie in unserm Alltag haben, die zauberische Basilie, dieses duftende, saftige Würzkraut des Südens – seitdem fragen wir uns, wie das Leben zuvor ohne diesen Balsam erträglich sein konnte. Müßig, solche Fragen. Genießen wir die neue Zeit, die uns endlich auf den starken Geschmack gebracht hat, die dem Garten und der Küche neue Horizonte weist, die dem Gärtner allerdings eine schwierige, vielleicht gar nicht lösbare Aufgabe stellt, falls er sich nicht von vornherein damit begnügt, die Basilie nur als Topfpflanze zu betrachten.

Das Basilikum ist empfindlich. Schlägt ihm Kälte entgegen, unfreundliche Nässe oder auch nur ein kühler Wind, so verstockt es, grantelt und kränkelt, es wächst nicht mehr. Als kalt empfindet die Basilie alles, was nicht angenehme Wärme ist, von fünfzehn Grad abwärts; zehn Grad lähmen ihre Lebensgeister, fünf Grad können schon tödlich sein. Die Basilie wünscht Weinbauklima, sie ist kein gehärtetes Gewächs des Gebirges oder der Steppe, sie ist ein weiches Kind der Tropen, aus Indien gebürtig. In warmen Sommern geht es dem Birnkraut gut: So viel Wärme, so viel Sonne! So sollte es immer sein. Birnkraut, Balsam und Basilie, das sind die Kosenamen fürs Basilikum. Manchenorts heißt es auch Josefskräutlein. Oder Krampfkräutlein, Braunsilge, Deutscher Pfeffer. Angemessen ist die alte Bezeichnung Königskraut, denn Ocimum basilicum aus der Familie der Lippenblütler leitet seinen Namen vom griechischen basileus ab, das heißt: König. Ja, ein König, wer das Basilikum pflücken darf.

Wozu diese Schwärmerei? Eigentlich nur der Tomate zuliebe. Das feine basilische Grün will mit dem fleischigen Rot der Tomate vereinigt sein. Die Tomate kommt erst wirklich zu sich selbst, wenn sie sich mit dem Basilikum mischt. Bevor es soweit ist, schnell ein froher Blick aufs Tomatenbeet. Heuer haben wir auch ein großes Tomatenjahr. Mitte Juli schon hat es angefangen mit den kleinen Kirschtomaten, die gleich im Dutzend an einer Rispe reif werden. Unterdessen sind auch alle Sorten der feisten Fleischtomaten rot und rund.

Wie werden wir all der Tomaten Herr und nicht überdrüssig? Eben mit dem Basilikum. Es wird, zerrupft oder in grobe Streifen gehackt, auf die Tomaten getan, die mit Gurkenscheiben und nicht zu dünn geschnittenem Mozarella den Teller decken. Darüber cin wenig Aceto balsamico, mit viel Olivenöl verquirlt. Das ist die Vorspeise. Zum Kalbskotelett gibt es dann Zucchini-Gratin, das wiederum vom Basilikum lebt.

Die würzige Schärfe des Basilikums unterstreicht nicht nur den

Eigengeschmack der Tomate, sie hebt auch die italienische Nudel schöner zur Nase und führt sie köstlich am Gaumen entlang; Pesto alla genovese heißt die Basilikumsauce, für die Marianne Kaltenbach zweihundert Gramm Basilienblätter nimmt, zwei Knoblauchzehen, Pfeffer und Salz, einen Eßlöffel Pinienkerne, drei Eßlöffel Parmesan und ebensoviel sardischen Pecorino, dazu einiges Olivenöl. Wie der Pesto gemacht wird, steht in ihrem Buch »Aus Italiens Küche« (Hallwag). In Italien und besonders an der ligurischen Küste ist das Basilikum zu Hause wie nirgend sonst – in den Gärten und auf den Tellern.

Die Basilie ist die einjährige Verwandte der Pfefferminze. Man sieht es ihr kaum an, vor allem nicht der größeren Sorte, dem Löffelblättrigen Basilikum, das üblicherweise auf den Märkten angeboten wird, aber man kann die geschwisterliche Nähe von Minze und Basilie beim sanft scharfen Aroma schmecken.

Das ideale Sommer-Menu beginnt also rotgrün mit Basilikum und Tomaten, und es endet grünblau mit Feigen in Minzcreme. Dazwischen erhöht die Basilie fast alle Fleischgerichte, so manchen Fisch, auch Gemüse und Salate. Die Salate vor allem. Zum Thema Salat ein Wort des Kritikers Eugen von Vaerst, schon 1851 den deutschen Köchen hinter die Löffel geschrieben: »Mit allem Geiste, den man haben mag, ist man ebensowenig wie mit aller Weisheit allein imstande, einen guten Salat zu bereiten; es gehören hierzu durchaus vier Menschen: ein Verschwender, der das Öl gibt und gießt, ein Geizhals für den Essig, ein Weiser zum Salz und ein Narr zum Wenden und Mengen der vier Elemente.«

Wenden wir uns dem anderen großen Deutschen zu, dem Freiherrn von Rumohr, so dürfen wir uns wundern über strenge Ansichten zum Basilikum: »Vorzüglich das kleinblättrige ist eine sehr starke, nur im kleinsten Maß anwendbare Würze. Man vermenge es mit anderen Kräutern, die es mildern und mäßigen, und verhindere dadurch,

daß sein Bisamgeschmack nicht zu sehr überhand nehme.« Fast sind wir froh, daß wir nur Bekanntschaft haben mit der sanften, der großblättrigen Basilie. Von ihr können wir gar nicht genug bekommen. Sie würzt nicht nur die Sommertage, sie machet, so zitiert die Zeitschrift »essen & trinken« ein altes Kräuterbuch, »sie machet alle guten und zarten und feinen Dinge schier unwiderstehlich«, aber nicht allein Steinbutt und Nudeln, auch »die holden Mägdlein und schönen Frauen«. Und sie schützt, so glauben die alten Kräuterdoktoren, nicht nur vor Schlangenbiß und schlechter Laune, sondern macht auch den Basilienfreund verführerisch und begehrenswert. Das ist die wahre Gartenlust, die sich zuerst zur Küche wendet, aber bei Tisch ihr Genügen nicht finden will.

Tomaten müssen reifen

Über die flachen Stücke großer Fleischtomaten streue ich frischen Thymian, lasse die Pfeffermühle stehen, aber das Salzfaß tanzen, mit Maßen, überziehe alles dünnfädig kreuz und quer mit Olivenöl, nachdem einige Knoblauchzehen scheibchenweise darüberhingeworfen wurden. Lucie, die Nachbarin, sagt dazu nur ein Wort: barbarisch. Denn sie gibt Zwiebelringe über die Tomatenscheiben und übergießt mit einer Vinaigrette, in der Knoblauch kaum sichtbar vorkommt, millimeterfein gehackt, als Spurenelement. Lucie hat uns allerhand voraus an Gartenerfahrung und Küchenwitz. Was uns verbindet, ist die Lust an der reifen Tomate – frisch, gedünstet, überbakken, im Salat und als Gemüse, als Sauce oder geeiste Suppe.

An der Tomate ermessen wir unser Glück. Nicht nur das Glück eines großen Sommers. Auch: Daß wir Zeitgenossen des ausgehenden zwanzigsten Jahrhunderts sind. Drei Generationen vor uns war die Tomate in Deutschland kaum den Italienreisenden und den Feinschmeckern als eßbar bekannt, auch ihnen eher vom Hörensagen. Zwar ist diese alte indianische Kulturpflanze nach der Entdekkung Amerikas gleich mit den ersten Silberschiffen aus Mittelamerika herübergekommen, gegessen wurden ihre Früchte jedoch nur am Mittelmeer. Nördlich der Alpen hat man sie bloß als Paradiesäpfel bestaunt; die Tomate wurde zur Zierpflanze erhoben, zugleich als giftig gefürchtet und deshalb von Medizinern zu Salben und Essenzen für jederlei Gebrechen verwendet. Und noch zu Kaiser Wilhelms Zeiten meldet ein Appetitlexikon erstaunt: »In Spanien verspeist man die Tomate sogar roh.« Was gibt es denn Schöneres, als abends, aus dem Büro ins Leben zurückgekehrt, im Gemüsegarten an die sonnenwarmen Früchte zu gehen – nicht an die pfundschweren Fleischtomaten, sondern die kleinen, runden Sorten von Liebesäpfeln: Aperitif zu einem Spätsommerabend.

Denn natürlich ist der Tomatengärtner gut sortiert. Elf, zwölf Sorten, Abwechslung macht Spaß. Darum wundert er sich über den Satz, den die verehrte Margot Schubert in ihrem Standardwerk »Im Garten zu Hause« tatsächlich geschrieben hat: »Eigene Anzucht kaum lohnend. Man kauft fertig vorgetriebene Setzlinge.« Um Gottes willen: Wer weiß denn, was er da kauft? Außerdem ist es ein rechtes Ostervergnügen, aus deutschen und kalifornischen Samentütchen Winzigkeiten zu entnehmen, vierhundert Samen wiegen noch nicht ein Gramm, und von den schließlich ausgewählten Sorten je zwei zum Keimen zu bringen: Burpee's Early Pick und Northrup's Better Girl zum Beispiel. Unsere am Südfenster gehegten und an warmen Frühlingstagen auf der Terrasse gehärteten Pflanzen haben nach den Eisheiligen, wenn es endgültig ins Freie geht, ins Kompostbeet, einen unübersehbaren Vorsprung an Saft und Kraft. Sie blühen schon. So ernten wir von Mitte Juli an und nicht erst im September wie mancher, der meint, die Natur überlasse man am besten sich selber.

Die Tomate ist eine anspruchsvolle Geliebte, am ersten Tag und alle Tage. In voller Sonne will sie stehen, in trockener Luft, aber nicht im Wind. Temperaturen unter zehn Grad schockieren sie nachhaltig. Der Boden soll tiefgründig locker sein und sehr nahrhaft, der Dünger reichlich, aber organisch. Die Blätter darf nur der Regen benetzen, nicht die Gießkanne, doch die Wurzeln wollen es gleichmäßig feucht. Wer das Gießen vernachlässigt, dem platzen die Früchte, sobald es wieder naß wird. Das Aufbinden und das Ausbrechen der Geiztriebe versteht sich von selbst. Von Mitte August an werden neue Blütenstände entfernt, fünf sind genug, was danach kommt, reift nicht mehr und kostet die Pflanze nur Kraft. An einem Tag, der keine dieser Handreichungen erfordert, ist die Mulchschicht aus Grasschnitt oder Stroh zu renovieren, weil sie schon wieder von den Amseln auseinandergenommen wurde.

Wie die Gute, die Süße sonst noch bei Laune zu halten ist, erklären viele Gartenbücher, am genauesten sagt es »Der Nutzgarten« von Hermann Link und Winfried Titze im Ulmer-Verlag. Wie die aromatische Süße jedoch zustande kommt, die wir bei den gekauften Tomaten immer vermissen, nicht nur bei den Scheintomaten aus holländischen Treibhäusern, auch bei den vergleichsweise geschmackvollen Freilandfrüchten aus dem Süden, weiß die Wissenschaft offenbar noch nicht so ganz. Gewiß ist nur, daß das kalte Nachreifen der für den Transport immer zu früh gepflückten Früchte dem Ausreifen am Stock nicht gleichkommt. In den entscheidenden Tagen, wenn die Frucht rot wird, werden Säuren abgebaut, auch das giftige Solanin, das dann nur noch in Resten am grünen Stielansatz bleibt, Zucker bildet sich (in einem guten Tomatenjahr schmecken alle Sorten süßer), und allerhand ätherische Substanzen finden sich ein: hundertundachtzehn solcher flüchtigen Aromastoffe wurden an einer Frucht identifiziert. Sie vor allem geben der Gartentomate den unvergleichlichen Geschmack.

Was aber machen wir mit den Früchten, denen nach einem gewöhnlichen deutschen Sommer der kalte Herbst viel zu früh kommt? Wir können sie nachreifen lassen wie die Händler. Das Ergebnis ist das gleiche: armselige Geschmacklosigkeit. Also lieber gleich in Gläser schichten, mit je ein paar Gabelstichen gelöchert und einigem Salz versehen. Zwei Tage später Essig mit etwas Zucker, Nelken, Senfkörnern und Pfeffer erwärmen. Meerrettichstücke zwischen die Tomaten schieben, den abgekühlten Sud darüber, Gläser schließen. Nach vierzehn Tagen sind diese Tomaten brauchbar als Beigabe zu deftiger Hausmannskost. Brauchbar, mehr nicht. Köstlich ist die Tomate leider nur, wenn sie beizeiten am Stock errötet ist.

Nun doch Rhododendron

Es irrt der Mensch, solang er strebt. Manchem gelingt es, seine jeweils neuen Irrtümer als Haltepunkte seiner Klugheit darzustellen; das ist der geborene Vorgesetzte. Daheim im Garten gelingt es nicht. Im Garten kommen die Fehler an den Tag; einige wachsen allmählich wieder zu, die meisten wachsen sich erbarmungslos aus. Und haben wir einst vor die eigentlich luxusbedürftige Hausfront eine Reihe von Spindelsträuchern gesetzt, bloß weil sie nichts kosteten, die dann erst im vierten Winter erfroren, so lassen sich die toten Stümpfe im Frühjahr nicht zu blühenden Rhododendren schönreden.

Als die vom Bauschutt befreiten Flächen vor und hinter einem Eigenheim im Frankfurter Nordwesten zu beleben waren, glaubte der über beide Ohren verschuldete Hausherr und Gartendilettant eines zu wissen: Rhododendren kommen nicht in Frage. Kein Geld. Keine Zeit. Auch kein Platz. Solche Kulissen, behauptete er, stehen auf den Bühnen einer anderen Welt, in den aristokratischen Gärten der Britischen Inseln vor allem, hierzulande füge sich Rhododendron allenfalls unter alte Bäume parkähnlicher Grundstücke, auf denen vorn der Zwölfzylinder übern Kies rollt.

Der Zwölfzylinder läßt noch auf sich warten, und der Garten ist in sieben Jahren um keinen Quadratmeter größer geworden. Aber unterm Küchenfenster blüht nun bald zum zweitenmal ein Viererzug von »Cunningham's White«, auf der Nordseite, nur im Hochsommer von den letzten Strahlen der Abendsonne gestreift. Im vollen Mittagslicht hingegen wölben sich vorm Podest der Pergola sechzehn Repens-Hybriden zur dunkelgrünen Hecke. Und werden zur selben Zeit blühen, Anfang Mai, allerdings rot vor dem schwarzen Holz. »Baden-Baden« sollte es eigentlich sein oder »Elisabeth Hobbie«, dann wurden wir doch zur Favoritin dieser Jahre überredet, »Scarlet Wonder« der Name, auch ein Gewächs aus dem Hause Hobbie. Zehn Meter weiter sitzen im Halbschatten zwei andere Hobbie-Büsche; sie heißen »Gartendirektor Rieger«, obwohl die glockigen Blüten – erst ein Hauch von Rosa, dann cremeweiß – eher an ein Mädchen im Tanzstundenalter denken lassen; im vergangenen Jahr bogen dort noch die Margareten ihre Hälse zum Licht.

Wie dieser Sinneswandel? Warum der mühevolle Umbau auf der kleinen Gartenbühne? Immerhin sind den kalkempfindlichen Rhododendren, falls der Boden nicht von Natur schon sauer ist, jeweils Moorbeete auszuheben, unten mit Sand, Reisig und Torf, oben mit Spezialsubstrat zu füllen, seitlich gegen kalkiges Sickerwasser mit Folie zu dichten, und vielleicht ist bei Sorten mit lockerem Habitus noch ein passender Unterwuchs zu pflanzen, kriechender Zwerghartriegel könnte es sein.

Woher nun die bessere Einsicht? Elisabeth Hobbie ist schuld. Nicht die Pflanze, sondern die leibhaftige Tochter des Ammerländer Rhododendronzüchters Dietrich Hobbie, des deutschen Wegbereiters für das eigentlich englische, nein, ursprünglich chinesische Gewächs. Sie verwaltet und mehrt bei Linswege das Erbe ihres Vaters. Vor einem Besuch ihres Rhododendronparks kann man nur warnen; das sind Stunden des Glücks, die nicht ohne Folgen bleiben. Auf fünfundsechzig Hektar stehen, meist unter Kiefern, aber auch im wandernden Schatten exotischer Nadelhölzer, vielleicht hunderttausend Rhododendren, zweihundert Wildarten und viele hundert Sorten, junge und alte, mannshohe und übermannshohe. Sie stehen oft viel zu dicht und wunderbar durcheinander. Sie bilden einen leuchtenden Urwald, gegen den der auch nicht kleine und durchaus eindrucksvolle Rhododendronpark in Bremen beinahe langweilig wirkt. Weshalb? Weil in Bremen alles so ausgewogen und aufgeräumt und wohlabgestimmt ist.

Will sich jemand doch der Gefahr aussetzen, von der Linsweger Leidenschaft angesteckt zu werden, sollte er zuerst die kleine ordentliche Sammlung in Oldenburg, die große in Bremen und auch den nicht so öffentlichen Rhododendronwald von Johann Bruns in Bad Zwischenahn durchlaufen, und dann erst einen langen Maitag bei Hobbie einplanen, nach dem Gesetz der Steigerung. Wer in Süddeutschland wohnt, fährt zuerst in den Kurpark von Baden-Baden und ins schweizerische Seleger-Moor.

Eine Rhododendron-Tour durch England und Irland kann natürlich noch mal andere Begeisterungen entzünden, hält aber auch eine bittere Enttäuschung bereit: Fast alle diese Prinzessinnen im milden Nebelland taugen nicht für den heimischen Garten. Züchtungen, die auf deutschem Boden groß geworden sind, haben viele extreme Winter überstanden, dem Etikett »zuverlässig frosthart« darf man trauen. Man muß trauen können. Rhododendren sind Anschaffungen fürs Leben. Außerdem kann sich für halbwegs übers Stecklingsalter hinausgewachsene Pflanzen einiges summieren. Braucht einer gleich den großen Blickfang, schreibt er schon für eine einzige Pflanze den Scheck

vierstellig. Kniehohe Büsche, wie wir sie in Linswege in den Kofferraum schichteten und auf die Rücksitze setzten, bleiben gottlob im Rahmen eines Angestelltenbudgets. Ein zusätzliches Vergnügen ist: daß es dort nicht heißt »Kein Verkauf an Privat« wie ringsum bei den anderen Züchtern. Sehen, sich verlieben und gleich zugreifen, das ist lustig.

Auch bei Johann Bruns in Bad Zwischenahn gibt es für unsereinen keine Pflanzen, aber freundlicherweise ein kleines Rhododendronkolleg. Wichtigster Hinweis: Je mehr vom kalksperrenden Torf im Boden, desto eher dursten die Pflanzen. Torf hält das Wasser, hält es aber fest. Die Wurzeln entziehen ihm nur jene überschüssige Feuchtigkeit, die wir mit der bloßen Hand auspressen könnten. Eine Gießkanne, in Trockenzeiten über zwei Rhododendren geleert, ist immer zu wenig. Und: Je geringer die Luftfeuchte, desto wichtiger werden Beschattung und Bewässerung. Das steht zwar auch in den Büchern, aber da steht so vieles, und wer liest schon so genau. Freilich, wir sollten uns kundig machen, bevor es schiefgegangen ist. Im Umgang mit Menschen werden wir, mit Glück, aus Erfahrung klug; im Umgang mit Pflanzen auch, aber vielleicht zu spät. Pflanzen sind empfindlicher.

Der Oleander ist durstig

Einst, in unserer italienischen Zeit, liebten wir Elba besonders wegen der mächtigen Pinien über den fernen Buchten im granitenen Westen der Insel. Elba und die Esel; Elba und die Pyrite, Malachite, Azurite; vor allem: Elba und die Pinien. Unsere kleinen Pinien übrigens, aus elbischem Samen in Töpfen gezogen, die wir vor Jahren nahe der Terrasse auf einen Rasenbuckel pflanzten, mit einer

Beimischung von Erde aus einem provenzalischen Pinienhain (wegen der lebensnotwendigen Symbiose mit einem Pinienwurzelpilz) – sie haben einige harte Winter unter einem Zelt aus Bohnenstangen und Bett-Tüchern überstanden. Gesund stehen sie da, selbdritt, gut benadelt, ausladend, schon bald vier Meter hoch. Außer Pinienzapfen brachten wir damals auch Oleanderstecklinge mit. Nichts ist leichter, als Zweigspitzen in einem Wasserglas Wurzeln bilden zu lassen und nach vier Wochen einzutopfen. Schwierig wird es vier oder fünf Jahre später, wenn die herangewachsenen Büsche mannshoch in großen Töpfen sitzen und nach einem kühlen und zugleich hellen Winterquartier verlangen; denn in den Garten pflanzen, wie die Pinien, läßt sich der Oleander nicht. Der erste mäßige Frost würde ihn töten.

Wer hat einen Wintergarten? Wir noch immer nicht. Im Schlafzimmer war es schon mit den Pinien zu eng gewesen, und bei acht bis vier Grad, der Wunschtemperatur für die oleandrische Winterruhe, möchte man die Betten ja auch nicht halten. Der Keller ist warm und dunkel. Erstaunlicherweise hält der Oleander die finstere Gefangenschaft aus, er blüht dann allerdings nicht von Juni bis Oktober, sondern beginnt erst Anfang August. Auf die Dauer werden wir ihn über die steile Kellertreppe nicht schleppen können. Also wird nun doch eine Garage gebaut, mit Glasdach, nicht fürs Auto, sondern für den Oleander, den wir dann im Frühjahr auf Rollwägelchen tagsüber immer wieder heraus- und hineinschieben, damit er beizeiten von der ersten unbeständigen Frühlingshitze erweckt wird. Denn der Oleander giert nach Luft und nach Sonne. Der wärmste Platz an der Mauer ist ihm der liebste. Wo es anderen Lebewesen über Mittag unerträglich wird, fühlt er sich wohl. Hitze ist sein Lebenselement.

Der Oleander lechzt nach Wasser. Botanisch heißt er Nerium oleander. Nereus, der Wassergott, ist Namenspatron; die Nereiden sind nahe, die Nymphen des feuchten Elements. Haben wir ihn aber nicht an den staubigsten Straßen Griechenlands üppig blühen gesehen? Und auf dem Mittelstreifen südfranzösischer Autobahnen? So ausgedörrt der Boden dort schien, auf dem Trockenen kann der Oleander nicht gesessen haben. Wo er wild wächst in den Mittelmeerländern, begleitet er meist Wasserläufe – wie bei uns die Weide. Und wenn ein marokkanisches Bachbett im Sommer trockenliegt, so sitzt im Wurzelgrund noch genug Feuchtigkeit. Unser Oleander, der im Kübel steckt, kann keine unterirdischen Reserven anzapfen. Er ist auf die Gießkanne angewiesen. An warmen Tagen muß nicht nur jeden Morgen gegossen werden, sondern auch abends noch mal.

Der Oleander liebt die Nässe. Wer es nicht glauben kann, schaue in die Bücher, zum Beispiel in Fritz Enckes »Kübelpflanzen. Geschichte, Herkunft, Pflege« (Verlag Eugen Ulmer, Stuttgart). Er mag die Nässe jedoch nur unten. Gegen Regen ist er empfindlich. Ein feuchtes Frühjahr kann ihm das Blühen verleiden. Im deutschen Sommer steht er am besten unter einem Vordach oder unter Glas trockenen Haupts, während zu Füßen im Untertopf ruhig mal das Wasser stehen darf.

Der Oleander will auch nicht hungern. Er ist ein Vielfraß wie die Tomate. Warum blüht der unsere nun doch so fröhlich, trotz des dunklen Winterkellers? Weil er für die wöchentliche Düngergabe dankt. Fehlt es ihm an Nahrung, an Wärme, an Wasser, an Licht, zaust ihn der Wind, dann steht er nicht nur ärmlich da, er wird auch eher von den Schildläusen befallen. Die muß man mit einem Holzspatel abkratzen oder mit Seifenlauge abbürsten, nur in der allergrößten Not sollte die Giftspritze benutzt werden.

Der Oleander selber ist giftig. Er gehört in die Familie der Hundsgiftgewächse. In Süditalien erhielt er den Beinamen amazza l'asino, Eselsmörder. Aber ein Esel hütet sich vorm Oleander. Nicht der Mensch. »Während Napoleons italienischem Feldzug erkrankten fran-

zösische Soldaten schwer – und viele starben! –, weil sie am Lagerfeuer Oleanderzweige als Bratspieße benutzt hatten«, berichtet der Gartenlust-Großvater Richard Katz in seiner Kolumnensammlung »Übern Gartenhag«. Wie dem Oleander diese seine Giftigkeit zustatten kommt, hat Victor Hehn, ein anderer Vorvater, vor hundert Jahren dargelegt: Der Oleander sei spät aus Asien nach Griechenland und Italien gebracht worden, und zwar als Kulturpflanze, die jedoch rasch verwildern und sich verbreiten konnte, da sie »von Ziegen und Eseln, den Feinden aller jungen Bäume, verschont wurde«.

Der schöne, giftige, wilde Oleander duftet schwach, aber angenehm. Meist sind die Blüten rosa. Wir bevorzugen weiß. Einige unserer Büsche blühen natürlich rot. Aber alle einfach. Es gibt auch Sorten mit gefüllten Blüten. Reizvoller sind sie nicht, nur dicker und noch empfindlicher. Und ob sie je eine Biene anlocken? Hehn erzählt in seinen schon zitierten historisch-linguistischen Skizzen »Kulturpflanzen und Hausthiere« von einem Volk der Sanni in Kleinasien, »dessen Honig betäubende Kraft hatte: Man suchte die Ursache davon in den Blüten der Oleanderbüsche, von denen dort alle Wälder voll waren.« Unsere Gärten können nicht voll von Oleander sein. Aber wer hindert uns, die Balkone und Terrassen zu bevölkern, den Gartenweg zu säumen? Die betäubende Kraft des Oleanders fördert die Lebenslust und stärkt die Erinnerung ans Mittelmeer.

Hibiskus in zweierlei Gestalt

Wollte ein untadeliges Mädchen im kaiserlichen China für den Harem des Himmelssohnes auserwählt werden, hatte es nicht nur von feiner Figur und aus guter Familie zu sein, es mußte auch ein Hibiskus-Gesicht haben: ein sehr edles Antlitz. In China heißt der Hibiskus fu-jung, Ruhm und Pracht. Ein angemessener Name. Hierzulande nennen ihn Unempfindliche einfach Eibisch, vormals Ibisch, das ist die eingedeutschte Form des lateinischen ibiscum, das wiederum auf ein keltisches Urwort zurückgeht – also gewiß richtig, der Eibisch, aber gar nicht charmant. Die von Linné herrührende Bezeichnung Chinarose wird der exotischen Anmut eher gerecht, wenngleich die Heimat von Hibiscus rosa sinensis in den tropischen Wäldern Indiens zu suchen ist. Der Duft der Hibiskusblüte wurde in China mit der Anziehungskraft weiblicher Schönheit in eins gesetzt. Und der Verliebte, der seinem Herzensfräulein hoffnungsvoll vom Strauch die rote Blume brach, war auf dem rechten Weg. »Wenn Regen auf Hibiskusblüten fällt«, sagt der Dichter nur halbverschlüsselt, »so öffnen sie sich zur Nacht.«

An den Hibiskus-Hybriden, die in unseren Gärten und Blumentöpfen stehen, läßt sich von der ungeübten Nase des Europäers kaum eine Ahnung von Duft erschnuppern. Das Lexikon des Großvaters meldet immerhin noch einen moschusartigen Geruch, der sich beim Erwärmen des Samens von Hibiskus abelmoschus erotisierend verbreitet habe. Abelmoschus hatte schwefelgelbe Blütenblätter über dunkelrotem Schlund; er ist aus der Mode gekommen, wie das Gelb im Garten überhaupt; auch die Parfümerien bedienen sich heute aus anderen Quellen.

In europäischen Gedichten kommt die Chinarose nicht vor, obwohl sie lange genug bekannt ist: Goethe hatte gewiß ein Exemplar am Fenster, und wenn nicht er, so die ihm endlich angetraute Blumenbinderin. Der fürstl. Sachs. Weimarische Hofgärtner Dietrich gab im Jahre 1802 in der zweiten Auflage seines Buches »Der Wintergärtner« Anweisung, wie die drei damals beliebtesten Hibiskusarten in kühlen Zimmern oder warmen Kellern durch die frostige Jahreszeit in den nächsten Sommer hinüberzubringen seien.

Die englische Literatur macht den ersten Hibiskus-Gärtner schon zweihundert Jahre früher namhaft, wobei allerdings die Berichte von »Malven-Bäumen« und zwölf Fuß hohen Büschen, von denen manche den naßkalten und auch nicht frostfreien Inselwinter im Freien überstanden, nicht unterscheiden zwischen der empfindlichen Rosa sinensis und dem winterfesten Syriacus. Immerhin, die Briten hatten damals schon ihr Vergnügen an den prächtigen Malvengewächsen. Die Deutschen hatten immer noch den Dreißigjährigen Krieg zu verdauen.

Um so mehr leuchten die Hibisken nun von den Leinwänden der Urlauber. Schon am Mittelmeer finden sich neiderregende Hecken und Sträucher jener tropischen Art, die bei uns nur als gehätschelte Topfplanze zwischen Terrasse und Winterzimmer pendelt. Die kleineren und immer etwas bläßlich von Weiß über Rosa ins Violette spielenden Syriacus-Blüten sind ja kein Ersatz für das rotglühende Fernweh: In kalifornischen Vorgärten steht die Chinarose dreimeterhoch als Hundertblütenbaum so selbstverständlich wie bei uns die wackere Blaufichte. Auf Bali werden den steinernen Wächterfiguren vor dem Tempeltor Hibiskusblüten hinters Ohr gesteckt, auch der bucklige Halbgott auf der Verkehrsinsel in der Straßenkreuzung und der säbelschwingende Baris-Tänzer verdecken das Ohr hibiskusrot: Wo diese Blume blüht, haben böse Geister keine Chance. Gerade für eine Stunde öffnet sich der afrikanische Hibiscus trionum, meist schon am Vormittag. Er heißt darum Stundeneibisch oder Gelbe Stundenblume. Kurz, aber heftig entfaltet sich auch eine Hibiskus-Staude, die in Japan aus dem Sumpfeibisch gezogen wurde: Hibiscus moscheutos Southern Belle. Die suppentellergroßen Blüten erscheinen allerdings nur, wenn der Sommer warm, die Gießkanne fleißig und die Düngergaben kräftig waren. Im Spätherbst wird diese Staude bis zum Boden zurückgeschnitten, damit sie, mit etwas Winterschutz, im Frühjahr wiederkommt.

Das Wässern und das Düngen sind das A und O bei der Pflege aller

Hibisken. Wenn die im Blumenladen gekaufte Chinarose alsbald die Knospen abwirft, wird oft der Ortswechsel verantwortlich gemacht. In Wahrheit mangelt es meist nur am Wasser, das reichlich, und am Dünger, der im Sommer wenigstens wöchentlich gegeben werden muß. So versorgt, blüht die Chinarose den ganzen Winter hindurch. Freilich, wenn sie blüht, dann wächst sie auch. Manche Gärtner arbeiten mit wuchshemmenden Chemikalien. Wir schneiden im Frühjahr vorsichtig zurück, bevor die Töpfe wieder ins Freie getragen werden an einen halbschattigen Platz. Zuviel Sonne verbrennt die Blätter, Wind schadet ihnen auch. Doch wenn Regen auf die Blüten fällt, nehmen sie es nicht übel wie der Oleander, sondern öffnen sich trotzdem – gottlob nicht erst zur Nacht.

Buchs trennt und vereint

Eine Ehe ist mancher Zerreißprobe ausgesetzt. Da wollte doch die liebe Frau bei Moustiers-St. Marie über den Schluchten des Verdon aus dem Auto springen und sich seitwärts in die Büsche schlagen, von denen sie den einen und anderen und schließlich viele auszugraben gedachte für den Garten daheim. Wie kann der Mann behaupten, dieser provenzalische Buchs lasse sich gar nicht aus dem steinigen Grund lösen, solang er es nicht probiert hat? Wie kann er behaupten, diese im Kalk wurzelnden Büsche würden, sofern die Verpflanzung gelänge, im heimischen Lehm doch nicht gedeihen, solang er es nicht probiert hat?

Eine Ehe ist immer wieder den gleichen Gefährdungen ausgesetzt. Da hat sich die liebe Frau von einem Gärtner-Freund zur marschbereiten niedrigen Buchskompanie, die noch in Töpfen auf ihren Einsatz wartet, zwei fast meterhohe grüne Kugeln schenken lassen. Nun können wir, so denkt der Mann, die Gemüsebeete nach Art der Bauerngärten sauber gegen den Rasen abgrenzen, können den Kräutern eine ordentliche Umfriedung schaffen und ein angemessenes Entree, können den Nutzgarten zierlich säumen, der ja das Schicksal der Ehefrau teilt: Man ist zwar durchaus nicht unglücklich, vielleicht sogar stolz, aber an die Rampe gerückt wird der Schatz selten. Der lebenskluge Gärtner sucht die eheliche Geliebte ins rechte Licht zu bringen und das Gemüse so zu umranden, daß es dem Blumengarten an Schönheit nicht nachsteht. Freilich, die nicht minder kluge Gärtnerin hat ihre eigenen Vorstellungen: Der Buchs soll nicht bäuerlich oder klösterlich wirken, und wenn klösterlich, so allenfalls auf japanische Weise. Der Klügere gibt nach. Also die Frau? Der Schwächere gibt nach, also der Mann.

Der Buchsbaum, buxus sempervirens, scheint auch männlich. Der lateinische Name des Japan-Buchses, Buxus microphylla, macht aber klar: fünfte Deklination, weiblich. Stark. Widerstandsfähig. Jedoch formbar. Man kann fast alles mit ihm machen oder mit ihr, niedrige Einfassungen und hohe Hecken, flächige Ornamente in den Blumenparterres und voluminöse grüne Plastiken. Buchs verträgt auch alles: volle Sonne, tiefen Schatten, sogar Trockenheit – und die Schere. Er braucht nur ein bißchen Humus für den Anfang und dann Geduld. Viel Geduld. Wer keine Zeit hat, wer nicht warten kann, hat auch keinen Buchs. Denn Buchs wächst langsam. »Suffruticosa«, die Sorte für die Einfassungen, ist nach fünfundzwanzig Jahren vielleicht meterhoch, »Arborescens« kann in hundertzwanzig Jahren immerhin sechs Meter erreichen, falls er als Baum gezogen und nicht zu oft beschnitten wurde.

Die Liebe zum Buchs ist meist eine Liebe zur Geometrie. Die Früchte dieser Liebe sind breite Kugeln und spitze Kegel, Pyramiden und Säulen, Mauern und Tore. Manchmal wuchern sie ins Bizarre und Phantastische zu Schneckenkontur und Vogelsilhouette. Manchmal führt die Liebe zum Buchs sogar zu Garten-Labyrinthen und Irrgärten. Denn die Liebe hat ein labyrinthisches Wesen. Unversehens verliert sich einer im Irrhain vergeblicher Leiden. Wie finde ich wieder hinaus? Der brutale Gärtner nimmt die Astschere und schneidet sich frei. Der glückliche Gärtner hängt am Ariadnefaden, mit dem ihn sein Mädchen zu sich zurückspult. Denn er hat sich keinen Irrgarten angelegt, wie es im Barock Mode war, voller Kreuzwege und Sackgassen, er entschied sich zum Labyrinth, das nicht in die Irre führt, sondern zwangsläufig ins Zentrum, ins Ziel, wenn auch auf scheinbar wirren Umwegen. Der Münchner Museumsdirektor Hermann Kern hat ein wegweisendes Kompendium über »Labyrinthe« (Prestel) zusammengetragen. Der Kernsatz seiner Forschungen: »Im Labyrinth verliert man sich nicht, im Labyrinth findet man sich.« Und dann müsse, wer wieder hinaus will, nur klaren Kopf behalten, umkehren und den Eingangsweg zum Ausgangsweg machen.

Das ist leicht gesagt. Die Verwirrspiele der Liebe sind Spiele der Ungeduld. Deshalb werden sie selten vom bedächtigen Buchs ummauert, bei genauem Hinsehen ist es der schnelle Liguster oder die Eibe oder gar eine im Winter lichte Buchenhecke.

Doch wenn die Theoretiker der Liebe ihre Zeichen auslegen, bleiben sie dem dauerhaften Buchs treu. Im Schloßgarten von Villandry an der Loire, wo nicht nur die prächtigen Gemüsebeete Staunen erregen, wo die Gärtner im März und noch mal im September je fünfzig Kilometer Buchseinfassung zu trimmen haben, in Villandry sind unter der Aussichts-Terrasse hinter dem Renaissance-Bau vier Charaktere der Liebe aus Buchs gebildet: Flammen symbolisieren die zärtliche, Schwerter und Dolche die tragische, gebrochene Herzen die leidenschaftliche und Schmetterlingsflügel die flüchtige Liebe. Vom Schmetterling wird der Buchs nicht besucht, wenn er im Frühjahr blüht. Aber von Bienen. Bevor man überhaupt sieht, daß der Buchs seine winzigen gelbgrünen Blüten öffnet, hört man es am Summen,

berichtet Jürgen Dahl (»Nachrichten aus dem Garten«, Klett-Cotta). Unser Buchs hat noch nicht geblüht. Oder wir haben es nicht gehört. Und nicht gerochen. Der Duft sei honigartig, genauer: »zart lilienhaft mit bitteraromatischem Beigeschmack«. Ja, das Bittere, das wohnt dem Buchsbaum inne. Wo viel Buchs in der Landschaft steht, so klagt Theophrast, ein Schriftsteller des klassischen Altertums, werde der Honig verdorben.

Im Städelschen Kunstinstitut zu Frankfurt hängt das Bildnis eines Mädchens wie von Botticelli, gemalt von Bartolomeo da Venezia. Was nötigt uns zum Hinschauen? Die halb entblößte Brust, die ernsten braunen Augen, das klirrend gelockte Goldhaar? Das Mädchen trägt einen lockeren Kranz von Buxus sempervirens um das zarte Haupt. Vielleicht, weil der Buchs in der Renaissance als Mittel gegen Kahlköpfigkeit galt.

Buchs schmückt und schützt. Buchs umfriedet die Rosen und hält das Gemüse zusammen. Buchs zwingt zur Geduld, Buchs dient der Ordnungsliebe und beflügelt die Phantasie. Amors Pfeile sind aus Buchsbaumholz geschnitzt.

Abbildungen

Inhalt

Zu dieser Ausgabe

Die Texte folgen den Ausgaben Johannes Roth, *Gartenlust*, Insel Verlag Frankfurt am Main und Leipzig 1992 und *Neue Gartenlust*, Insel Verlag Frankfurt am Main und Leipzig 1994. Die Texte und die Fotografien von Marion Nickig wurden für die vorliegende Ausgabe neu zusammengestellt.

 Bezugspapier mit einem Foto von Marion Nickig. Gesetzt in der Schrift Adobe Caslon. Gedruckt auf holzfreies, alterungsbeständiges mattgestrichenes Papier der Firma Papier Union, Hamburg, von der Memminger MedienCentrum AG. Gebunden in Fadenheftung von der Josef Spinner Großbuchbinderei GmbH, Ottersweier. Printed in Germany.
Erste Auflage 2013. ISBN 978-3-458-19376-0